utb 6126

Eine Arbeitsgemeinschaft der Verlage

Brill | Schöningh – Fink · Paderborn
Brill | Vandenhoeck & Ruprecht · Göttingen – Böhlau · Wien · Köln
Verlag Barbara Budrich · Opladen · Toronto
facultas · Wien
Haupt Verlag · Bern
Verlag Julius Klinkhardt · Bad Heilbrunn
Mohr Siebeck · Tübingen
Narr Francke Attempto Verlag – expert verlag · Tübingen
Psychiatrie Verlag · Köln
Ernst Reinhardt Verlag · München
transcript Verlag · Bielefeld
Verlag Eugen Ulmer · Stuttgart
UVK Verlag · München
Waxmann · Münster · New York
wbv Publikation · Bielefeld
Wochenschau Verlag · Frankfurt am Main

Julia Simon

Der ultimative Studyguide

Alles, was du für ein erfolgreiches Studium brauchst

Verlag Barbara Budrich
Opladen & Toronto 2024

Die Autorin:

Dr. Julia Simon, Leiterin der Akademie Klinikum Nürnberg, Gründerin Schreibtischtalente

Bibliografische Information der Deutschen Nationalbibliothek
Die Deutsche Nationalbibliothek verzeichnet diese Publikation in der Deutschen Nationalbibliografie; detaillierte bibliografische Daten sind im Internet über https://portal.dnb.de abrufbar.

Gedruckt auf FSC®-zertifiziertem Papier. CO2-kompensierte Produktion

www.budrich.de

utb-Bandnr.	**6126**
utb-ISBN	**978-3-8252-6126-9**
utb-e-ISBN	**978-3-8385-6126-4 (PDF)**
utb-e-ISBN	**978-3-8463-6126-9 (EPUB)**
DOI	**10.36198/9783838561264**

Online-Angebote oder elektronische Ausgaben sind erhältlich unter www.utb-shop.de.

Satz: Ulrike Weingärtner, Gründau – info@textakzente.de
Umschlaggestaltung: Atelier Reichert, Stuttgart
Titelbildnachweis: Vasily, Adobe Stock
Druck und Bindung: Elanders Waiblingen GmbH, Waiblingen
Printed in Germany

Inhaltsverzeichnis

Vorwort und Begrüßung

Der ultimative Studyguide

Es gibt wahrscheinlich nur wenige Phasen im Leben, die so spannend sind, wie der Studienbeginn. Neue Wohnung. Neue Stadt. Neue Menschen. Komplett neues Leben! Zweifelsohne: Studytime = best time! Und gleichzeitig ist diese Umstellung natürlich auch mit unendlich vielen Herausforderungen verbunden.

Welcher Studiengang passt zu mir? Ist das Wohnen in der WG oder im Wohnheim die bessere Option? Wie gehe ich mit dem ganzen Prüfungsstress um und was kann ich tun, wenn die Motivation komplett fehlt?

Der ultimative Studyguide hilft dir dabei, dein Studium erfolgreich und mit deutlich weniger Stress zu bewältigen. Denn gerade in der Zeit des Studierens sollen Spaß und Leichtigkeit auf keinen Fall zu kurz kommen!

Die Inhalte stammen nicht nur aus Internetrecherchen und Studienergebnissen, sondern vor allem aus dem Erfahrungswissen und den vielen Tipps, welche ich in der Zusammenarbeit und im Austausch mit etlichen Studierenden bekommen habe.

Der Studyguide besteht aus 14 + 2 Kapiteln, die alle Facetten des Studienlebens beleuchten und viele direkt umsetzbare Praxistipps bereithalten. In den Kapiteln findest du Übungen zur Selbstreflexion sowie zusätzliches Material, wie z. B. Checklisten zum Ausfüllen, Vorlagen und Übersichten, die du ausdrucken und beschreiben oder mit Tablet und Pencil beschriften kannst. Darüber hinaus findest du QR-Codes zu weiterführender Literatur und hilfreichen Webseiten.

Selbstverständlich kannst du die Reihenfolge des Lesens der Kapitel selbst bestimmen. Und jetzt – let's go!

Viel Spaß beim Lesen
deine Julia

Hier geht's zum Begrüßungsvideo

DOI: 10.36198/9783825261269-m01

Zusatzmaterial

Hier findest du eine Übersicht zu dem gesamten Zusatzmaterial, auf das in den einzelnen Kapiteln verwiesen wird. Dabei handelt es sich um QR-Codes (Quick Response Code), die du mit der Kamera deines Smartphones oder deines Tablets scannen und öffnen kannst. Sie führen dich zu hilfreichen Webseiten oder zu weiterführender Literatur. Darüber hinaus habe ich Checklisten, Übersichten und Vorlagen erstellt, die du ausdrucken und beschriften oder mit Tablet und Pencil nutzen kannst. Du erreichst sie über einen DOI (Digital Object Identifier), den du in deinem Browser öffnen kannst. Das Zusatzmaterial zum Downloaden findest du nicht nur hier im Buch in den jeweiligen Kapiteln, sondern auch auf der Seite von utb.

Kapitel 1: **QR-Code** Check-U-Test der Bundesagentur für Arbeit

Kapitel 1: **QR-Code** Online-Self-Assessments zur Studienorientierung

Kapitel 2: **Checkliste** Must-haves für dein Studium

Kapitel 2: **Vorlage** Stundenplan (beige)

Kapitel 2: **Vorlage** Stundenplan (grün)

Kapitel 2: **Vorlage** Wochenplaner

Kapitel 3: **Vorlage** Lernzettel nach der Cornell-Methode

Kapitel 3: **Übersicht** Shortcuts/Tastenkombinationen

Kapitel 4: **QR-Code** Selbsttest Prokrastination

Kapitel 4: **Vorlagen** Journaling im Studium

Kapitel 4: **Beispiel** Moodboard

Kapitel 5: **QR-Code** Mindmap digital erstellen

Kapitel 6: **Checkliste** Prüfung

Kapitel 7: **QR-Code** Die Kunst des Storytellings

Kapitel 7: **QR-Code** Storytelling lernen

Kapitel 8: **QR-Code** Passende Universität für das Auslandssemester finden

Kapitel 9: **QR-Code** Erklärvideo – Automatische Gliederung erstellen

Kapitel 9: **Vorlage** Exposé

Kapitel 9: **Vorlage** Zeitplan Abschlussarbeit

Kapitel 9: **Checkliste** Abgabe Abschlussarbeit

Kapitel 10: **QR-Code** Informationen zu einem Minijob

Kapitel 10: **QR-Code** Studentenjobs

Kapitel 10: **QR-Code** BAföG-Rechner

Kapitel 10: **QR-Code** Infos zur elektronischen Antragstellung für BAföG

Kapitel 11: **Checkliste** Partyvorbereitung

Kapitel 12: **Checkliste** Grundausstattung erste Wohnung

Kapitel 12: **QR-Code** Waschsymbole

Kapitel 15: **QR-Code** Leseprobe „Achtsam studieren"

Den Zugang zum digitalen Zusatzmaterial bekommst du wie folgt:

1. Registriere dich kostenlos auf https://elibrary.utb.de oder https://utb.de
2. Gehe auf „Mein Profil" → „Zugangscode aktivieren"
3. Gebe dort den Code STUDY_6126 ein und klicke auf „Abschicken"
4. Das Material findest du beim Titel auf https://elibrary.utb.de oder https://utb.de.

Überlebenswichtig! Das Uni-ABC: Abkürzungen und Bezeichnungen

Immatrikulation, s.t., c.t., B.A., M.Sc., FB, FSR, Tut, Disputation, summa cum laude, Rigorosum, ZVS, AStA. In der Hochschullandschaft wimmelt es regelrecht vor Abkürzungen und besonderen Bezeichnungen. Hier findest du alle wichtigen Begriffe rund um das Thema Studium mit der passenden Erklärung.

AStA = Allgemeiner Studierendenausschuss

Audimax = Größter Hörsaal einer Hochschule

B.A. = Bachelor of Arts

BAföG = Bundesausbildungsförderungsgesetz

B.Eng. = Bachelor of Engineering

B.Sc. = Bachelor of Science

CP = Creditpoints

C.t. (z. B. 08:00 Uhr c.t.) = Cum tempore „mit Zeit“, die Veranstaltung beginnt um 08:15 Uhr (= akademisches Viertel)

Cum laude = Mit Lob, eine gute, den Durchschnitt übertreffende Leistung, üblicherweise die dritthöchste Auszeichnungsstufe einer Dissertation

Dekan bzw. Dekanin = Leiter oder Leiterin einer Fakultät oder eines Fachbereichs der Hochschule

Disputation = Mündliche Verteidigung

Dissertation = Doktorarbeit

ECTS = European Credit Transfer System

Exmatrikulation = Abmeldung von der Hochschule

FB = Fachbereich

FS = Fachschaft

FSR = Fachschaftsrat

HA = Hausarbeit

Habilitation = Höchste Hochschulprüfung, die der Eignung zur Professorin oder zum Professor dient

HiWi = Hilfswissenschaftler, Hilfswissenschaftlerin, wissenschaftliche Hilfskraft (wobei die „neuere" Bezeichnung mittlerweile „studentischer Mitarbeiter" bzw. „studentische Mitarbeiterin" ist)

Immatrikulation = Einschreibung an einer Hochschule

ISIC = International Student Identity Card (Internationaler Studierendenausweis)

Kanzlerin bzw. Kanzler = Leiterin oder Leiter der gesamten Universitätsverwaltung

Kolloquium = Wissenschaftliches Fachgespräch (z. B. Verteidigung einer Masterarbeit)

LP = Leistungspunkte

LL.B. = Bachelor of Laws

Magna cum laude = Mit großem Lob, eine sehr gute Leistung, üblicherweise die zweithöchste Auszeichnungsstufe einer Dissertation

M.A. = Master of Arts

M.Sc. = Master of Science

Matrikelnummer = Nummer, die der eindeutigen Identifikation eines jeden Studierenden dient und bei der Immatrikulation vergeben wird

Mensa = Das Hochschul-Restaurant

N.N. = Nomen nominandum, der Name der Person für die Veranstaltung ist noch zu benennen

Numerus clausus = Zulassungsbeschränkung bei stark nachgefragten Studiengängen (i. d. R. durch Abiturnote)

OS = Oberseminar

PO = Prüfungsordnung

Präsident bzw. Präsidentin = Vorsitzender oder Vorsitzende der Universitätsleitung

Rigorosum = Mündliche Prüfung

S = Seminar

Schein = Dokumente, auf denen absolvierte Hochschulleistungen bestätigt sind

SoSe = Sommersemester

S.t. (z. B. 08:00 Uhr s.t.) = Sine tempore „ohne Zeit“, die Veranstaltung beginnt um 08:00 Uhr

StuPa = Studierendenparlament

StuVE = Studierendenvertretung

Summa cum laude = Mit höchstem Lob, eine hervorragende Leistung, üblicherweise die höchste Auszeichnungsstufe einer Dissertation

SWS = Semesterwochenstunde (eine SWS = 45 Min.)

Talar = Bestandteil der akademischen Kleidung (langes schwarzes Gewand), wird an offiziellen Feierlichkeiten getragen

Tut = Tutorium

Ü = Übung

Verbindung = auch „Burschenschaft“ oder „Korporation“ genannt, Verband von Studierenden und Alumni, die häufig konservative Traditionen pflegen

VL = Vorlesung

WiSe = Wintersemester

ZQ = Zusatzqualifikationen (z. B. Sprachkurse)

ZVS = Zentralstelle für die Vergabe von Studienplätzen

1. That's it! Wie du das richtige Studium findest

Das erwartet dich in diesem Kapitel:

1.1 Gründe für ein Studium	1.2 Welcher Studiengang passt zu mir?	1.3 Welche Studienform passt zu mir?
1.4 Welche Hochschule passt zu mir?	1.5 Welche Stadt passt zu mir?	

1.1 Gründe für ein Studium

Keine Frage – auch ohne Studium kann man beruflich erfolgreich werden! Dennoch gibt es einige Gründe, die für ein Studium sprechen. Hierzu zählen Karriere, höhere Aufstiegschancen, bessere Verdienstmöglichkeiten, gute Anbahnung der Selbstständigkeit, geringere Arbeitslosenquote und bessere Jobaussichten. Zudem sollen durch ein Studium das kritische Denken, das Argumentieren und die Selbstorganisation gefördert werden. Abgesehen davon macht Studieren auch Spaß: Du lernst interessante Menschen und neue Städte kennen.

Das Ergebnis einer Online-Umfrage (Statista Research Department, 2016) von 1.039 Studierenden zu der Frage, aus welchem Grund sie ein Studium aufgenommen haben, ergab Folgendes:

- 59 % fachliches Interesse
- 43 % Karrierechancen
- 13 % Umfeld (Freunde etc.)
- 10 % Wunsch der Eltern
- 8 % Verlegenheit
- 7 % Interesse an bestimmter Stadt
- 10 % anderer Grund

Reflexionsübung: Was sind deine Gründe, weshalb du ein Studium aufnehmen möchtest oder du ein Studium aufgenommen hast?

1.2 Welcher Studiengang passt zu mir?

Nachdem der Entschluss steht, dass du studieren möchtest, stellt sich meist die Frage: Welcher Studiengang passt zu mir? Mittlerweile gibt es über 20.000 Studiengänge an Unis und Hochschulen (Hachmeister, 2019) – verrückt, oder? Bei einem so riesigen Angebot ist es schwer, sich zu entscheiden. Wenn du bereits weißt, was du studieren möchtest – herzlichen Glückwunsch! Für alle anderen, die sich nicht ganz sicher sind (und das sind wahrscheinlich die meisten), gibt es Berufsmessen oder Jobbörsen, um sich beraten oder inspirieren zu lassen.

Darüber hinaus kannst du dich mit folgenden Fragen auseinandersetzen. Das kannst du tun, indem du dir Stift und Zettel zur Hand nimmst oder dich gedanklich damit beschäftigst.

- Was kann ich besonders gut? Wo liegen meine Stärken?
- Was sagen andere über mich, was ich gut kann?
- Wo liegen meine Interessen?
- Was kann ich gar nicht? Was macht mir überhaupt keinen Spaß?
- Was sind meine Berufswünsche?

Um deine Fähigkeiten, deine sozialen Kompetenzen, deine Interessen und deine beruflichen Vorlieben noch besser einzuschätzen, kann dir der Check-U-Test der Bundesagentur für Arbeit weiterhelfen. Hierbei handelt es sich um einen umfangreichen Online-Test, der dir möglicherweise zu deinem Traumstudium verhilft.

Testdauer: ca. 90–120 Min.

Teststruktur: Der Test besteht aus vier Modulen: Fähigkeiten, soziale Kompetenzen, Interessen und berufliche Vorlieben

Am Ende erhältst du zu den jeweiligen Modulen individuelle Auswertungen und deine persönlichen Top sechs Empfehlungen für passende Ausbildungsberufe und Studienfelder. Hier geht's zum Check-U-Test der Bundesagentur für Arbeit:

QR-Code: Check-U-Test der Bundesagentur für Arbeit

Wenn du nun Hinweise erhalten hast, was du studieren könntest, solltest du dich mit den Inhalten und den Leistungsanforderungen des ausgewählten Studiums beschäftigen. Das kann hilfreich sein, um nicht erst nach ein paar Semestern festzustellen, dass man sich etwas komplett anderes unter dem Studium vorgestellt hat. Mittlerweile haben viele Hochschulen Online-Self-Assessments (OSA) entwickelt, um Interessierten eine Orientierung zu ihrem Angebot zu geben.

Mithilfe dieses Online-Studienfachwahl-Assistenten kannst du einen umfassenden Eindruck über den Studiengang gewinnen:

- Überblick über das gesamte Studium
- Studieninhalte
- Aufgaben und Tests
- Typische Studienwoche im ersten Semester
- Interviews mit Studierenden
- Infos zur Bewerbung

Hier geht's zu den Online-Self-Assessments zur Studienorientierung:

QR-Code: Online-Self-Assessments zur Studienorientierung

1.3 Welche Studienform passt zu mir?

Auch die Frage nach der Studienform ist nicht unwesentlich. Wenn du dir bereits im Klaren darüber bist, dass der Anwendungsbezug Prio eins hat, dann ist möglicherweise ein duales Studium sinnvoller als ein Studium an einer Universität. Hier findest du einen Überblick zu den unterschiedlichen Studienformen:

Vollzeitstudium

- **Merkmale:** Es wird meist vor Ort an einer Hochschule in Präsenz angeboten. Die Lehrveranstaltungen sind häufig von Montag bis Freitag über den Tag verteilt.
- **Vorteile:** Es ist die schnellste Form, um an einen Studienabschluss zu gelangen.
- **Das musst du mitbringen:** Du musst etwa 40 Stunden und mehr pro Woche Aufwand für das Studium einrechnen (inkl. Besuch von Vorlesungen, Seminaren, Vor- und Nachbereitung, Lernen).

Teilzeitstudium

- **Merkmale:** Es ist meist mit einer längeren Regelstudienzeit als das Vollzeitstudium verbunden (häufig doppelt so lange).
- **Vorteile:** Es ist ideal, wenn du z.B. Kinder hast oder berufsbegleitend studieren möchtest.
- **Das musst du mitbringen:** Du benötigst einen langen Atem.

Duales Studium

- **Merkmale:** Es ist ein Mix aus Ausbildung und Studium und somit weniger theorielastig als ein reines Hochschulstudium.
- **Vorteile:** Du verdienst gleich Geld und das theoretische Wissen kann direkt in der Praxis umgesetzt werden.
- **Das musst du mitbringen:** Du musst die Doppelbelastung aushalten können, da häufig nach dem Arbeiten noch Studieninhalte gelernt werden müssen.

Berufsbegleitendes Studium

- **Merkmale:** Die Vorlesungen werden am Abend, am Wochenende oder in komprimierter Form angeboten, um „nebenbei“ zu studieren.
- **Vorteile:** Es bietet eine finanzielle Unabhängigkeit, da diese Form des Studierens neben der Ausübung des Berufs möglich ist.
- **Das musst du mitbringen:** Du benötigst Selbstdisziplin und ein gutes Selbstmanagement, um der Doppelbelastung Stand zu halten.

Fernstudium

- **Merkmale:** Die Studieninhalte werden per Post oder digital zugeschickt und in Form eines Selbststudiums durchgeführt. Der Aufwand liegt ähnlich hoch wie bei einem Präsenzstudium in Vollzeit oder Teilzeit.
- **Vorteile:** Du bist ortsunabhängig und die Studieninhalte können selbst eingeteilt werden.
- **Das musst du mitbringen:** Du benötigst Selbstdisziplin und musst aktiv auf Mitstudierende und Dozierende zugehen können.

1.4 Welche Hochschule passt zu mir?

Wenn du die Möglichkeit hast, dich zu entscheiden, an welcher Hochschule du studieren kannst, dann solltest du die Vor- und Nachteile der unterschiedlichen Hochschulen wie z. B. die Größe oder die Trägerschaft gegenüberstellen:

Große Uni oder Hochschule

Vorteile	Nachteile
– Häufig viele verschiedene Studienangebote – Gute Infrastruktur (z. B. gut ausgestattete Bibliothek) – Renommierte Professorinnen und Professoren	– Anonymität – Mitstudierende oft unbekannt – Hörsäle oft überfüllt

Kleine Uni oder Hochschule

Vorteile	Nachteile
– Weniger anonym – Direkter Kontakt zu den Professorinnen, Professoren und Dozierenden – Zum Teil intensivere Betreuung und stärkeres Zusammengehörigkeitsgefühl	– Geringere Vielfalt an Studiengängen – Weniger Infrastruktur

Private Uni oder Hochschule

Vorteile	Nachteile
– Oftmals sehr gut ausgestattet – Gute Betreuung – Gute Aussicht auf Wunschstudienplatz – Abiturnote zum Teil weniger relevant	– Teuer – Zum Teil umfassende Bewerbungsphase

Öffentliche Uni oder Hochschule

Vorteile	Nachteile
– Keine oder kaum Studiengebühren – Häufig sehr großes Studienangebot – Flexible Stundenplangestaltung	– Zum Teil schlechtere Ausstattung – Viele Bewerber und Bewerberinnen

Kirchliche Uni oder Hochschule

Vorteile	Nachteile
– Zum Teil sehr spezielles Angebot an Studiengängen – Familiäre Atmosphäre – Christliche Traditionen können für die einen ein Vorteil, für die anderen ein Nachteil sein	– Ggf. persönliche oder kontroverse Sichtweise zum christlichen Glauben

1.5 Welche Stadt passt zu mir?

Berlin? Heidelberg? Amsterdam? München? Köln? Wie finde ich die richtige Stadt? Zum Teil liegen die Gründe eines Studienabbruches am Nicht-Wohlfühlen am Studienort (Heublein et al., 2017, 16). Deshalb solltest du dir die Frage nach dem Studienort gut überlegen. Folgende Fragen können dir bei der Auswahl helfen.

Nimm dir einen Stift und setze zur Beantwortung der Frage ein Kreuz auf die Linie, um deine persönlichen Tendenzen zu erkennen.

Persönlicher Test: Bin ich der Typ, um in der Großstadt oder in der Kleinstadt zu studieren?

Wo fühlst du dich wohler?
Kleinstadt---Großstadt

Wie ist deine finanzielle Situation?
Eher schlecht--Sehr gut

Wie wichtig ist es dir, einen tollen Nebenjob zu haben?
Gar nicht wichtig-- ------------Sehr wichtig

Wie wichtig ist dir eine große Partyszene?
Gar nicht wichtig---Sehr wichtig

Wie wichtig ist dir der Coolness-Faktor einer Stadt?
Gar nicht wichtig---Sehr wichtig

Wie wichtig ist dir das kulturelle Angebot in einer Stadt?
Gar nicht wichtig---Sehr wichtig

Wie wichtig ist dir ein gut ausgebautes Netzwerk mit öffentlichen Verkehrsmitteln?
Gar nicht wichtig---Sehr wichtig

Wie wichtig ist dir eine etablierte Stadt für Studierende?
Gar nicht wichtig---Sehr wichtig

Wie wichtig sind dir kurze Wege?
Sehr wichtig---Gar nicht wichtig

Je mehr Kreuze du in Richtung der rechten Seite gesetzt hast, desto eher bist du in einer Großstadt gut aufgehoben. Sind deine Kreuze tendenziell links angeordnet – ab in die Kleinstadt zum Studieren!

Zur weiteren Eingrenzung solltest du dir noch folgende Fragen stellen:

– Nimm dir eine Landkarte: Wo fühlst du dich geografisch (z. B. in Deutschland) am wohlsten? Norden? Süden? Osten? Westen?
– Neigst du zum Heimweh und bist gerne in der Nähe deiner Familie?

2. Aller (Studien-)Anfang ist… easy! Wie du den Studienbeginn gut meisterst

Das erwartet dich in diesem Kapitel:

2.1 Die Wochen vor dem Studienbeginn	**2.2 Must-haves für dein Studium**	**2.3 In der neuen Stadt ankommen**
2.4 Die ersten Tage im Studium	**2.5 Die Bibliothek**	**2.6 Die Lehrveranstaltungen**

2.1 Die Wochen vor dem Studienbeginn

Das Abi ist in der Tasche! Nachdem du dir hoffentlich eine wohlverdiente Auszeit genommen und das Leben in vollen Zügen genossen hast, rückt der Studienstart immer näher. Folgende Tipps solltest du bereits davor beherzigen, damit der Beginn reibungslos klappt:

- Wohnsituation klären
- Finanzielle Situation klären (BAföG beantragen, Nebenjob suchen usw.)
- Immatrikulation nicht vergessen
- Semesterbeitrag rechtzeitig überweisen
- Krankenversicherung abschließen
- Semesterticket beantragen
- Studierendenausweis beantragen
- Weg von deinem neuen Wohnort zur Uni kennen
- Auf der Homepage der Uni stöbern (z. B. nach Beispielstundenplänen)

2.2 Must-haves für dein Studium

Es gibt einige Dinge, die du für deinen neuen Alltag im Studium benötigst. Hier ist eine Zusammenstellung der wichtigsten Essentials, dir das Unileben erleichtern. Prüfe, was du bereits besitzt und was du dir noch anschaffen möchtest:

Checkliste der Must-haves für das Studium

- Externe Festplatte
- USB-Stick
- Powerbank
- Rucksack oder Tasche
- Trinkflasche
- Laptop oder PC
- Tablet
- Drucker
- Presenter
- Diktiergerät
- Notizbuch
- Terminplaner
- Stifte
- Mäppchen für Stifte
- Kopfhörer

Du kannst dir die Checkliste der Must-haves für dein Studium auch ausdrucken oder digital mit Tablet und Pencil nutzen.

Checkliste: Must-haves für dein Studium

DOI: 10.36198/9783825261269-m02

O-Töne von Studierenden:

Mein Must-have für das Studium…

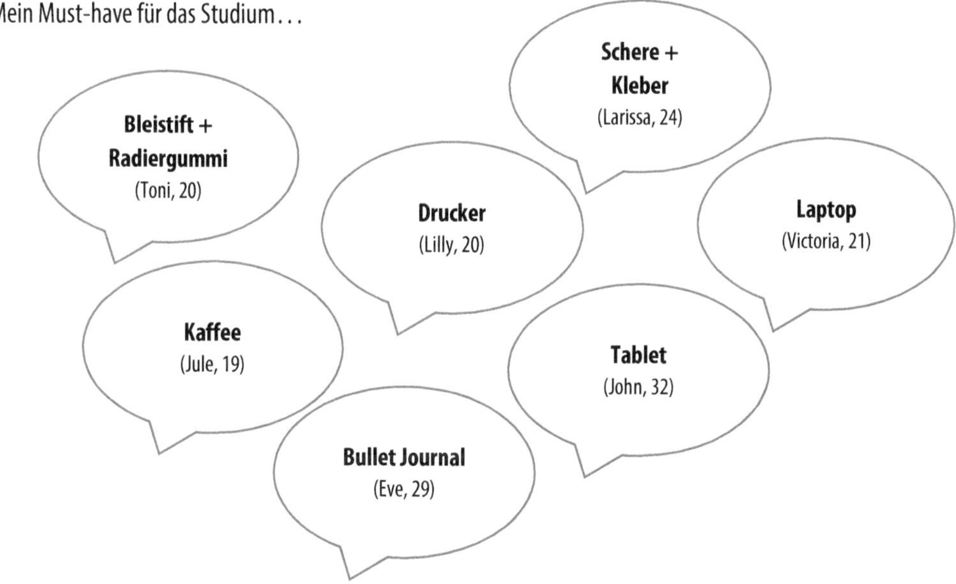

2.3 In der neuen Stadt ankommen

In der neuen Unistadt anzukommen, kann mitunter ganz schön herausfordernd sein. Mit dem ein oder anderen Tipp gelingt der Start garantiert! Suche dir aus der folgenden Liste mindestens drei Aktivitäten aus, markiere sie und setze sie direkt in den ersten zwei Wochen in deiner neuen Stadt um:

- ☐ Melde dich in einem Sportverein oder für einen Sportkurs (z. B. Yoga) an.
- ☐ Melde dich bei der Volkshochschule für einen Kurs (z. B. Sprachkurs, Gitarre, Makramee) an.
- ☐ Klingel bei deinen Nachbarn, um „Hallo“ zu sagen.
- ☐ Erkunde deine neue „Hood“ zu Fuß oder mit dem Rad.
- ☐ Melde dich über Social Media bei einem Portal wie „Neu in der Stadt“ an.
- ☐ Mache deine neue Wohnung zu deinem Zuhause (z. B. schöne Bilder aufhängen).
- ☐ Besorge dir einen Nebenjob.
- ☐ Lade Leute aus der Uni oder Nachbarn zu dir ein.
- ☐ Gehe in ein Museum.
- ☐ Schaue dir eine Sehenswürdigkeit in deiner neuen Stadt an.
- ☐ Gehe in die Stadtbibliothek und lass dir einen Ausweis ausstellen.
- ☐ Gehe in ein Café.
- ☐ Verabrede dich für einen Kneipenabend.
- ☐ Engagiere dich ehrenamtlich.

Mein persönlicher Erfahrungsbericht

Ich habe während meiner Studienzeit ehrenamtlich bei einem offenen Mittagstisch ausgeholfen. Mir hat es nicht nur Spaß gemacht, mich sozial zu engagieren, ich habe gleichzeitig tolle neue Menschen kennengelernt.

2.4 Die ersten Tage im Studium

Die ersten Tage im Studium sind extrem spannend. Du hast die Möglichkeit, viele neue Menschen kennenzulernen. Hier sind einige Tipps, wie du auf andere Menschen zugehen kannst und was du sonst noch alles beachten solltest:

Gehe offen auf Mitstudierende zu – wage den ersten Schritt

Auch wenn du dich etwas überwinden musst, sprich Leute einfach an. Die meisten kennen niemanden und letztlich ist jeder und jede froh, nicht alleine irgendwo rumzustehen zu müssen.

- Gehe mit einem Lächeln auf andere Menschen zu.
- Wer mag schon schlecht gelaunte Menschen? Eine positive Ausstrahlung und ein Lächeln wirken Wunder. Also – Mundwinkel nach oben und los geht's.

Führe gekonnt Small Talk

Worüber soll man eigentlich reden? Über das Wetter? Warum eigentlich nicht?! Darüber hinaus gibt es noch einige Themen, die dir den Small Talk erleichtern. Allerdings gibt es auch komplette No-Gos für den Small Talk, die du beim ersten Aufeinandertreffen mit anderen Personen eher vermeiden solltest.

Dos & Don'ts beim Small Talk	
– Aktuelle Geschehnisse	– Themen, die zu viel von dir preisgeben
– Erster Eindruck von der Uni	– Negative Themen
– Fragen zur Uni z. B. Fächerkombination	– Lästereien
– Musik	– Politik
– Literatur	– Religion
– Wohnviertel	– Krankheiten
– Kneipen, Partyszene der Stadt	
– Kultur	

Deine Sprechanteile sollten etwa genauso hoch sein, wie die deines Gegenübers. Wenn wenig zurückkommt, kannst du offene Fragen stellen (z. B. „Wie kam es, dass du dich für den Studiengang entschieden hast?"). Sollte gar nichts zurückkommen – nimm die Beine in die Hand.

Erstelle deinen Stundenplan richtig

Während der Stundenplan an der (Fach-)Hochschule oftmals – ähnlich wie in der Schule – vorgegeben ist, musst du ihn dir an der Uni meist selbst zusammenstellen. Das eigenständige Erstellen hat große Vorteile. So kannst du dir beispielsweise deine Veranstaltungen komprimiert auf nur drei bis vier Tage in der Woche legen. Vor allem für Studierende im ersten Semester kann die freie Einteilung mitunter recht herausfordernd sein. Im Folgenden sind die wichtigsten Punkte zusammengefasst, die dir bei der Erstellung helfen können:

Beschaffe dir die wichtigsten Informationen zur Erstellung deines Stundenplans

- Sichte die Prüfungs- und Studienordnung.
- Sichte das Modulhandbuch und den Studienverlaufsplan.

Diese Fragen solltest du dir stellen:

- Welche Module muss ich belegen?
- Wie viele Creditpoints benötige ich?
- Wie bauen die Module aufeinander auf? Welches Modul muss abgeschlossen sein, bevor ich ein neues beginnen kann?
- Welche Studienformate werden angeboten? (Vorlesungen? Seminare? Tutorien?)
- Welche Prüfungsmodalitäten gibt es? (Präsentationen? Klausuren?)
- Wann werden die Veranstaltungen angeboten? (Grundmodule, die z. B. nur einmal im Jahr angeboten werden, solltest du gleich am Anfang belegen)
- Gibt es einen Beispielstundenplan?

Bleibe realistisch und packe deinen Stundenplan nicht zu voll

Gerade zu Beginn neigt man dazu, sich entschieden zu viel aufzuhalsen. Allerdings solltest du die Vor- und Nachbereitung der jeweiligen Veranstaltungen einplanen sowie die anstehenden Prüfungen oder Hausarbeiten. Darüber hinaus sollte nicht nur das Wochenpensum realistisch sein, sondern auch das Pensum der einzelnen Tage. Ein Unitag von 08:00–18:00 Uhr kann sehr anstrengend sein!

Halte die Balance zwischen Pflichtveranstaltungen und Kür

Natürlich sind bestimmte Grundmodule das Fundament, die du belegen musst. Dennoch solltest du in jedem Semester mindestens eine Veranstaltung belegen, die deiner Leidenschaft entspricht. Das hilft dir dabei, mögliche Motivationstiefs während des Studiums besser zu überstehen.

Wähle die Veranstaltungen für deinen Stundenplan aus

Bei der Wahl der Veranstaltungen solltest du darauf achten, dass es zu keinen Überschneidungen kommt. Auch solltest du größere Lücken im Stundenplan vermeiden, gleichzeitig aber darauf achten, dass es ausreichend Pausen gibt. Prüfe bei der Auswahl der Vorlesungen, ob die Veranstaltungsorte nicht über die ganze Stadt verteilt sind. Andernfalls musst du Pendelzeiten einrechnen. Wenn es möglich ist, nutze deine produktiven Zeiten (z. B. Vorlesungen auf den Morgen legen – insofern du ein Morgenmensch bist).

Erstelle deinen individuellen Stundenplan

Ob digital oder papierbasiert, ob in einem Terminplaner oder in einer Exceltabelle – vollkommen egal! Hauptsache, du kommst damit zurecht. Hierbei solltest du dir den Tag, die Zeit, den Namen des Moduls, das Studienformat, den Raum, den Dozierenden und den Rhythmus (z. B. wöchentlich oder nur alle 14 Tage) notieren. Ferner ist es sinnvoll, die Zugangsvoraussetzungen (z. B. ein absolviertes Praktikum oder ein abgeschlossenes Grundlagenmodul) zu überprüfen und Literaturempfehlungen zu checken, um diese anzuschaffen oder in der Bibliothek vorzumerken.

Extra-Hacks für die Stundenplanerstellung

- Plane eher in Blöcken, vergiss aber die Pausen nicht.
- Kommt es dennoch zu mehreren Pausen – nutze sie, um z. B. Absprachen mit Kommilitonen oder Kommilitoninnen für Gruppenarbeiten zu treffen oder in die Bibliothek zu gehen.
- Plane dir ggf. einen freien Tag ein, um zu arbeiten, zu lernen oder Veranstaltungen vor- und nachzubereiten.
- Knüpfe Kontakte zu Studierenden in fortgeschrittenen Semestern oder Studierenden in der Fachschaft und frage sie:
  - Welche Veranstaltungen sind schnell ausgebucht? Welche Alternativen gibt es?
  - Welche Dozierenden sind gut?
  - Welche Themen sind gut?

Zur Erstellung deines Stundenplans habe ich dir unterschiedliche Vorlagen angefertigt. Diese kannst du ausdrucken und mit dem Stift beschriften oder mit Tablet und Pencil nutzen.

Vorlage: Stundenplan (beige)

DOI: 10.36198/9783825261269-m03

Vorlage: Stundenplan (grün)

DOI: 10.36198/9783825261269-m04

Vorlage: Wochenplaner

DOI: 10.36198/9783825261269-m05

Organisiere dich

Überlege dir von Beginn an eine gute Ordnerstruktur – sowohl digital als auch in physischen Ordnern. Im Laufe des Semesters häufen sich die Unterlagen. Mit einer guten Struktur behältst du den Überblick. Außerdem solltest du dir deine Passwörter gut merken und deine Matrikelnummer auswendig lernen, diese benötigst du während des Studiums ständig.

Nutze die UniCard

Die UniCard ist ab sofort dein täglicher Begleiter. In vielen Unis dient sie als Studierendenausweis, als Bibliotheksausweis, als Semesterticket und als Geldkarte mit Bezahlfunktion für die Mensa und beim Kopieren. Es lohnt sich also direkt ein paar Euro aufzuladen.

Baue dir ein Netzwerk auf

Um ein Netzwerk in der Uni aufzubauen, bietet es sich an, dort zu sein, wo sich viele Studierende versammeln. Trage dich für Orientierungstage, Einführungsveranstaltungen und Erstsemesterwochen ein. Gehe auf Semesteranfangspartys. Du spielst bereits ein Musikinstrument? Vielleicht gibt es eine Uniband, in der du mitspielen kannst. Wenn du dich eher sportlich betätigen möchtest – höre dich um, ob an der Uni Sportarten angeboten werden. Der Beitritt zu einer Studierendenverbindung oder der StuVE kann dir helfen, schnell neue Leute kennenzulernen.

2.5 Die Bibliothek

Meist bieten die Bibliotheken Führungen für Studierende im ersten Semester an. Hier bekommst du gezeigt, wie die richtige Ausleihe und die richtige Rückgabe funktionieren. Darüber hinaus wird dir der Umgang mit dem OPAC (Online Public Access Catalogue = Bibliothekskatalog) erklärt. Auch wenn es etwas spießig erscheinen mag, an einer solchen Führung teilzunehmen, so würde ich es dir auf alle Fälle ans Herz legen. Spätestens, wenn die ersten Hausarbeiten und Prüfungen anstehen, für die du Literatur benötigst, bist du bestens gewappnet.

Absolute No-Gos in der Bibliothek

- Zu laute Musik hören (auch mit Kopfhörern)
- Telefonieren
- Längere oder laute Gespräche führen
- Permanentes Husten, Räuspern, Schniefen
- Essen und trinken (außer es ist erlaubt, Wasserflaschen mitzubringen)
- Einschlafen
- Sich zu sehr ausbreiten
- Bücher falsch einsortieren oder verstecken

2.6 Die Lehrveranstaltungen

Bei der Erstellung oder beim Lesen deines Stundenplans sind dir bestimmt die unterschiedlichen Arten der Lehrveranstaltungen aufgefallen. Im Folgenden werden die Unterschiede zwischen Vorlesungen, Seminaren, Übungen und Tutorien erläutert und die Vor- und Nachteile des Online-Semesters erklärt.

Die Vorlesung: Vorlesungen sind DIE Lehrveranstaltungen schlechthin. In der Regel dauern sie 90 Min. und richten sich an eine große Zuhörerschaft. Die Professorinnen und Professoren vermitteln (häufig in Form von Vorträgen) die Inhalte.

Das Seminar: Im Gegensatz zur Vorlesung finden Seminare in kleineren Gruppen statt. Hier wird eine aktivere Beteiligung der Studierenden erwartet. Seminare bestehen aus Referaten oder Präsentationen der Studierenden. Darüber hinaus finden fachliche Diskussionen statt.

Die Übung: Übungen finden meist begleitend zu Vorlesungen oder Seminaren statt. Die Gruppengröße ist oft begrenzt. Hier werden wissenschaftliche Arbeitsmethoden angewendet oder Inhalte gemeinsam bearbeitet und gelöst, die sich aus entsprechenden Vorlesungen ergeben.

Das Tutorium: Beim Tutorium geht es darum, bestimmte Studieninhalte unter Leitung einer Tutorin oder eines Tutors nochmals zu bearbeiten und zu üben. Die Tutorinnen und Tutoren sind meist selbst Studierende, die sich mit bestimmten Themen sehr gut auskennen und sich bereits in einem höheren Semester befinden.

Die hybride Veranstaltung: Hybride Veranstaltungen sind Vorlesungen, Seminare oder Übungen, bei denen sich nur ein Teil der Studierenden direkt im Hörsaal befindet, während die restlichen Personen per Videoübertragung zugeschaltet werden.

Die Besonderheit: das Online-Semester – Fluch oder Segen?

Viele Studierende haben vor allem zu Zeiten der Coronapandemie die ersten Erfahrungen mit Online-Semestern sammeln können. Was anfänglich noch als willkommene Abwechslung oder gar als spannend galt, ist zunehmend zur größeren Belastungsprobe geworden. In einer bundesweiten Studie (Traus et al., 2020), bei der die Angaben von 2.350 Studierenden ausgewertet wurden, stuften fast 60 % der Befragten die Vorstellung an ein weiteres Online-Semester als schlecht ein. Gleichzeitig antworteten aber auch 18,3 % mit weder noch (also egal, ob das kommende Semester online oder in Präsenz abgehalten wird) und 22,3 % fänden es gut.

Was sind nun die größten Herausforderungen eines Online-Semesters und wo werden die Chancen gesehen?

Herausforderungen eines Online-Semesters

- Fehlende Kontakte zu anderen Studierenden
- Fehlender Kontakt zu Lehrenden
- Fehlende Infrastruktur der Uni
- Mehr eigenständiges Lernen
- Schlechte Vereinbarkeit von Familie und Beruf
- Sorgen rund ums Studium
- Finanzielle Sorgen
- Permanente Eigenmotivation

Chancen eines Online-Semesters

- Mehr Flexibilität in der Arbeitsgestaltung
- Keine Anreise
- Kennenlernen neuer digitaler Möglichkeiten
- Mehr Geld zur Verfügung haben
- Ggf. bessere Vereinbarkeit von Familie und Beruf

Online-Meeting Bingo

Sicherlich hast du bereits die ein oder andere Situation in einer Videokonferenz erlebt.

„Könnt ihr mich hören?"	Mikrofon sollte an sein, ist aber aus.	Mikrofon sollte aus sein, ist aber an.	„Sag du zuerst." – „Nein, sag ruhig du zuerst."
„Hallo in die Runde."	Kamera funktioniert nicht.	Mikrofon funktioniert nicht.	„Du hast aber einen sehr schönen Hintergrund."
„Wer ist jetzt eigentlich der Host?"	„Kann der Host bitte den Bildschirm freigeben?"	„Ist Person XY auch da?"	Jemand ist mit seinem Smartphone beschäftigt.
Laute Rückkopplung – alle halten sich die Ohren zu.	Mehrere sprechen auf einmal.	Haustier wird in die Kamera gehalten.	Familienmitglied läuft (unbekleidet) durch den Hintergrund.

Abbildung 1: Online-Meeting Bingo (eigene Darstellung)

3. Manage your time! Wie du im Studium das optimale Zeit- und Selbstmanagement betreibst

Das erwartet dich in diesem Kapitel:

3.1 Routinen aufbauen	3.2 Zeitmanagement im Studium	3.3 Deep Work
3.4 Semester planen	3.5 Zeitmanagement-Hack: Shortcuts	3.6 Zeitmanagement-Hack: Apps

Warum ist ein gutes Selbst- und Zeitmanagement im Studium eigentlich so wichtig? Stundenplan erstellen, Vorlesungen vor- und nachbereiten, Praktika organisieren, Prüfungen vorbereiten, Seminararbeiten schreiben, Nebenjob und den eigenen Haushalt schmeißen – um das alles unter einen Hut zu bekommen, benötigst du ein optimales Selbst- und Zeitmanagement.

3.1 Routinen aufbauen

Routinen gehören zu unserem Alltag: aufstehen, Zähne putzen, duschen, anziehen, Kaffee trinken usw. Die Vorteile von Routinen liegen auf der Hand:
- Routinen verhelfen zu mehr Struktur.
- Routinen sparen Zeit und Energie.
- Routinen verringern ständig neue Entscheidungen zu treffen.
- Routinen geben Sicherheit.

Häufig schleichen sich dadurch auch schlechte Gewohnheiten ein. Mehrere Stunden in den sozialen Medien zu verbringen und dabei sinnlos durch andere Profile zu scrollen, kann dazu gehören.

Zugegeben! Es ist nicht einfach, alte Gewohnheiten aufzugeben und neue Routinen aufzubauen, um die Produktivität zu steigern. Aber wie lange dauert eigentlich der Aufbau von neuen Routinen?

Die Psychologin Phillippa Lally und ihre Kollegen führten eine Studie mit 96 Studierenden durch (Lally et al., 2009). Diese sollten sich für 84 Tage eine neue Alltagsroutine aneignen (z. B. sich täglich sportlich betätigen). Im Ergebnis zeigte sich, dass die Studierenden im Durchschnitt 66 Tage benötigten, bis sich das neue Verhalten automatisch einstellte.

Wie kannst du Routinen in deinen Studienalltag integrieren?

Ganz besonders wichtig ist, dass du dir nicht gleich zu Beginn zu viel auflädst. Morgens früher aufstehen, mehr Sport treiben, ordentlicher werden, Vorlesungen immer vor- und nachbereiten, gesünder essen, meditieren – alle schlechten Gewohnheiten auf einmal zu verändern, funktioniert in den meisten Fällen nicht. Starte deshalb zunächst nur mit einer neuen Routine. Das könnte beispielsweise sein, dass du mehr Ordnung auf deinem Schreibtisch halten möchtest. Am besten funktioniert es, neue Gewohnheiten an bereits bestehende Gewohnheiten zu knüpfen.

> Ein klassisches und simples Beispiel, um eine Routine aufzubauen:
>
> Trinke ab sofort zu jeder Tasse Kaffee ein Glas Wasser.

Mehr Ordnung auf dem Schreibtisch zu halten, könnte folgendermaßen zu einer Routine werden: Sobald du dich am Morgen (oder am Abend) an deinen Schreibtisch setzt, um für die Uni zu lernen, räumst du deinen Schreibtisch auf. Positiv kannst du den Aufbau der Routine unterstützen, indem du ein Habit-Tracking durchführst (siehe dazu auch Kapitel 4.4 Motivations-Hack: Journaling im Studium).

Übung: Nimm dir einen Stift und einen Zettel zur Hand und schreibe auf, welche Routinen du aufbauen möchtest. Versuche bei der Formulierung darauf zu achten, dass du die neue Routine positiv formulierst.

Und selbst wenn es an dem ein oder anderen Tag mit der Umsetzung der neuen Routine noch nicht klappt, denke daran: *„Habe Geduld, alle Dinge sind schwierig, bevor sie einfach werden"* (Saadi).

Morgenroutine im Studium

Bist du ein Morgenmuffel und drückst lieber dreimal auf die Snooze-Taste, bevor du aufstehst? Gleichzeitig fühlst du dich aber den ganzen Tag gestresst, weil der Tag schon so mies begonnen hat?

Eine Morgenroutine kann dir dabei helfen, dass du gut durch deinen Studienalltag kommst. Wichtig ist, die Morgenroutine muss zu dir passen. Sie muss dir Spaß machen, sodass du dich auf das Aufstehen freust und sie dich entspannter in den Tag starten lässt. So könnte eine Morgenroutine aussehen:

- Ohne Snooze-Taste aufstehen
- Zimmer lüften
- Ein Glas Wasser trinken
- Positive Gedanken
- Kleine Sporteinheit
- Kein Handy
- Wechselduschen
- Gute Ideen sofort aufschreiben
- Gesundes Frühstück

3.2 Zeitmanagement-Methoden

Du hast das Gefühl, nicht effektiv für dein Studium zu arbeiten? Nach jedem Unitag stehen immer noch Berge an unerledigten Aufgaben an? Präsentationen für dein Studium schaffst du immer nur auf den letzten Drücker und obwohl du ständig am Hustlen bist, kommst du deinen Zielen nicht näher?

Stell dir vor, du könntest viel mehr in weniger Zeit schaffen oder zumindest mehr in der gleichen Zeit. Folgende Methoden verhelfen dir dabei, wie du schnell und entspannter deine Ziele im Studium erreichst.

Zeitmanagement-Methode: Eat the Frog

Bei der Methode **Eat the Frog** geht es darum, direkt am Morgen eine besonders unangenehme oder schwierige Aufgabe zu erledigen. Sinnbildlich gesprochen, bedeutet das: den Frosch oder die Kröte gleich zu Beginn schlucken. Wenn du dazu neigst, solche Aufgaben gerne vor dir herzuschieben, ist genau das der falsche Ansatz. Oftmals sind nämlich unangenehmen Aufgaben meist auch besonders wichtige Aufgaben. Der Vorteil, diese Aufgabe direkt am Morgen zu erledigen ist, dass du zu dieser Tageszeit in der Regel noch die beste Konzentration und die meiste Energie hast. Außerdem beflügelt eine erledigte unliebsame Tätigkeit, weitere Aufgaben anzugehen.

Wie kannst du diese Methode für deinen Unialltag nutzen?

Identifiziere den „Frosch“: z. B. die Literaturrecherche für deine Hausarbeit.

Überlege, ob der Frosch in Teilaufgaben aufgeteilt werden muss. Bei der Literaturrecherche könnten es diese Teilaufgaben sein:

a) In das Thema für die Hausarbeit einlesen.
b) Die Literatur zusammenstellen, die du in der Bibliothek beschaffen musst.
c) Die komplette Literatur besorgen.
d) Die Literatur bearbeiten (z. B. lesen, markieren, Zusammenfassungen schreiben).

Zeitmanagement-Methode: ALPEN-Methode

Die **ALPEN-Methode** eignet sich zur besseren Organisation einzelner Arbeitstage. In nur fünf Schritten planst, strukturierst und priorisierst du deine anstehenden Aufgaben für den Tag.

Aufgaben ordnen: Schreibe alle Aufgaben auf, die für den Tag geplant sind.

Länge abschätzen: Schätze die Länge der einzelnen Aufgaben.

Pufferzeiten einplanen: Gebe jeder Aufgabe etwas Pufferzeit hinzu.

Entscheidungen treffen: Entscheide, welche Priorität die einzelnen Aufgaben besitzen.

Nachkontrolle: Prüfe, ob du deine Ziele erreicht hast und wenn nicht, was die Gründe dafür waren.

Wie kannst du diese Methode für deinen Unialltag nutzen?

Beispielaufgaben	Geschätzte Zeit inkl. Pufferzeit	Priorität
Unterlagen für die Klausur sortieren	1 Stunde	3.
Artikel für das Seminar lesen und zusammenfassen	1,5 Stunden	2.
Gliederung für die Hausarbeit erstellen	2 Stunden	5.
Einkaufen und aufräumen	1,5 Stunden	6.
Skript für die Vorlesung ausdrucken und Überblick über das Skript verschaffen	1 Stunde	1.
Sporteinheit durchführen	1 Stunde	4.

Zeitmanagement-Methode: Wichtiges von Dringendem unterscheiden

Kleine Anekdote: Ein Spaziergänger geht durch einen Wald und begegnet einem Waldarbeiter, der hastig und mühselig damit beschäftigt ist, einen bereits gefällten Baumstamm in kleinere Teile zu zersägen. Der Spaziergänger tritt näher heran, um zu sehen, warum der Holzfäller sich so abmüht, und sagt dann: „Entschuldigen Sie, aber mir ist da etwas aufgefallen: Ihre Säge ist ja total stumpf! Wollen Sie sie nicht einmal schärfen?" Darauf stöhnt der Waldarbeiter erschöpft auf: „Dafür habe ich keine Zeit – ich muss sägen!" (Seiwert, 2012, 42).

Bei der Methode **Wichtiges von Dringendem unterscheiden** unterteilst du deine zu erledigenden Aufgaben zunächst in dringende Aufgaben und in wichtige Aufgaben. Dringende Aufgaben müssen sofort erledigt werden, wichtige Aufgabe müssen nicht immer sofort erledigt werden. Diese Unterteilung hilft dir vor allem dann, wenn du in einem bestimmten Zeitraum viele Aufgaben zu erledigen hast und den Überblick nicht verlieren willst.

Wie kannst du diese Methode für deinen Unialltag nutzen?

Eine dringende Aufgabe könnte sein: Du hast bereits eine Mahnung von deiner Bibliothek erhalten, das Buch abzugeben. Am besten, du gibst das Buch noch am selben Tag ab, andernfalls kann es richtig teuer werden.

Eine wichtige Aufgabe könnte sein: Dein Laptop hängt sich in immer kürzeren Zeitabständen auf oder stürzt ab. Hier solltest du dich in naher Zukunft auf die Suche nach einem neuen Laptop machen, bzw. es zur Reparatur bringen.

Cave: Schiebst du wichtige Aufgaben immer weiter nach hinten, werden sie irgendwann wichtig und dringend!

Zeitmanagement-Methode: Eisenhower-Prinzip

Das **Eisenhower-Prinzip** unterteilt die zu erledigenden Aufgaben in wichtige, nicht wichtige, dringende und nicht dringende Aufgaben:

Eisenhower-Prinzip	Dringend	Nicht dringend
Wichtig	**A-Aufgaben** Sofort selbst erledigen	**B-Aufgaben** Terminieren und selbst erledigen
Nicht wichtig	**C-Aufgaben** Delegieren	**D-Aufgaben** Abheften oder in den Papierkorb

Wie kannst du diese Methode für deinen Unialltag nutzen?

Überlege dir, welche Aufgaben aktuell und künftig anstehen und sortiere sie:

- **A-Aufgaben** erledigst du sofort. Beispiel: Du schreibst an deiner Seminararbeit, weil der Abgabetermin naht.
- **B-Aufgaben** kannst du planen und erledigst sie zu einem anderen Zeitpunkt selbst. Beispiel: Du immatrikulierst dich für das kommende Semester (außer, es ist der letzte Tag, an dem du dich immatrikulieren kannst, dann ist es eine A-Aufgabe).
- **C-Aufgaben** kannst du an eine andere Person delegieren. Beispiel: Du bittest deine Mitbewohnerin, für dich einzukaufen, wenn dein Kühlschrank leer ist (außer, du hast keine Mitbewohnerin, dann ist es eine A-Aufgabe).

- **D-Aufgaben** bringen dich nicht zu deinem Ziel und können somit in den Papierkorb bzw. du kannst sie streichen. Beispiel: Du nimmst an einer dreistündigen Bibliotheksführung für Erstsemester teil, obwohl du kurz vor deiner Abschlussarbeit stehst (außer, du warst bis dato noch nie in der Bibliothek deiner Uni und benötigst dringend Literatur für deine Abschlussarbeit, dann ist es eine A-Aufgabe).

Zeitmanagement-Methode: 80/20-Pareto-Prinzip

Das **Pareto-Prinzip** besagt: Wir schaffen 80 % einer Aufgabe in 20 % unserer Zeit. Für die restlichen 20 % der Aufgabe würden wir allerdings 80 % Zeit benötigen. Bei dieser Methode geht es darum, sich immer auf das Erledigen der Tätigkeiten zu fokussieren, welche die größten Auswirkungen auf das Ergebnis haben. Bei den restlichen 20 % der Aufgabe handelt es sich oftmals darum, die Aufgabe bis ins letzte Detail zu perfektionieren, was aber nicht immer sinnvoll ist.

Wie kannst du diese Methode für deinen Unialltag nutzen?

Du hast die Präsentation für dein Studium erstellt. Sie ist dir wirklich gut gelungen. Etwa 20 % würden aber noch fehlen, um sie perfekt zu machen. Du beginnst, die Schriftarten zu verändern, das Farbschema zu optimieren, noch schönere Bilder einzufügen, ein kleines Video aufzunehmen, um es einzubauen usw. Es nimmt unendliche viel Zeit in Anspruch (80 %), um das Ergebnis auf 100 % anzuheben. Prüfe, ob es dir das wert ist.

Zeitmanagement-Methode: Ivy-Lee-Methode

Mit der **Ivy-Lee-Methode** überträgst du am Ende eines Arbeitstages alle unerledigten Aufgaben in eine neue Liste. Dann prüfst du, welche Aufgaben für den nächsten Arbeitstag anstehen und schreibst diese Aufgaben ebenfalls in die Liste. Abschließend priorisierst du alle Aufgaben. Diese Methode wiederholst du immer am Ende eines jeden Arbeitstages.

Wie kannst du diese Methode für deinen Unialltag nutzen?

1. Schritt: Schreibe dir am Ende des Tages alle unerledigten und anstehende Aufgaben für den kommenden Tag in eine Liste. So zum Beispiel:

Priorität	Beispielaufgabe
Prio 1	Mail an Betreuerin der Bachelorarbeit schreiben
Prio 2	Skript für anstehende Vorlesung herunterladen
Prio 3	Artikel in Vorbereitung für das Seminar lesen
Prio 4	Gliederung für den Aufbau der Präsentation überlegen
Prio 5	Buch in der Bibliothek bestellen
Prio 6	Unterlagen abheften

2. Schritt: Am darauffolgenden Tag arbeitest du deine Liste nach der Priorisierung ab. Während der Bearbeitung konzentrierst du dich so lange auf die jeweilige Aufgabe, bis sie erledigt ist. Alle anderen Aufgaben werden in der Zeit vorerst vollständig ausgeblendet.

3. Schritt: Am Ende deines Arbeitstages (am besten ca. 30 Min. bevor du den Arbeitstag abschließen möchtest) erneuerst du deine Liste für den nächsten Tag.

Zeitmanagement-Methode: Pomodoro-Technik

Bei der **Pomodoro-Technik** geht es um den regelmäßigen Wechsel zwischen dem konzentrierten Arbeiten an einer Aufgabe (25 Min.) und der Entspannung (5 Min.). Dadurch ist das Gehirn über eine längere Zeit leistungsfähig. Diese Technik eignet sich vor allem für Personen, denen es schwerfällt, länger und fokussiert an einer Aufgabe zu bleiben. Für die Arbeitszeiten setzt du dir am besten einen Timer. In der Zeit ist es aber absolut tabu, das Handy zu checken oder sich anderweitig ablenken zu lassen. Dafür kann die 5-minütige Pause genutzt werden.

Wie kannst du diese Methode für deinen Unialltag nutzen?

25 Min. konzentriert arbeiten (z. B. für die anstehende Klausur lernen)
5 Min. Pause
25 Min. konzentriert arbeiten (z. B. für die anstehende Klausur lernen)
5 Min. Pause
25 Min. konzentriert arbeiten (z. B. für die anstehende Klausur lernen)
5 Min. Pause
25 Min. konzentriert arbeiten (z. B. Thema für die Seminararbeit konkretisieren)
Nach maximal vier Einheiten solltest du eine Pause von mindesten 30 Min. einplanen

Für jede Arbeitseinheit von 25 Min. machst du dir einen Strich. Am Ende des Arbeitstages zählst du deine Striche und klopfst dir für jeden Strich auf die Schulter.

Zeitmanagement-Methode: SMART-Methode

Mit der **SMART-Methode** lassen sich Ziele richtig festlegen. Wer unkonkrete, unrealistische Ziele ohne konkrete Terminierung definiert, neigt dazu, diese nicht zu erreichen.

Spezifisch: Definiere dein Ziel so konkret wie möglich. Wie sieht das Ziel ganz genau aus?

Messbar: Quantifiziere dein Ziel. Wie kannst du den Erfolg deines Zieles messen?

Attraktiv: Formuliere dein Ziel möglichst attraktiv. Wie ist das Ziel möglichst interessant und angemessen für dich?

Realistisch: Bleibe bei der Zielbeschreibung realistisch. Wie lässt sich das Ziel realistisch erreichen?

Terminiert: Formuliere das Ziel mit einem bestimmten Endzeitpunkt. Bis wann soll das Ziel erreicht werden?

Wie kannst du diese Methode für deinen Unialltag nutzen?
Erstelle dir eine Übersicht zu all deinen Zielen, die du in der Uni oder im privaten Bereich verfolgst. Das können kurzfristige Ziele sein oder auch mittel- oder längerfristige Ziele. Ein Beispiel für ein SMART formuliertes Ziel könnte folgendermaßen lauten:

Ich möchte meine Mitschriften in den Vorlesungen im nächsten Semester nicht mehr papierbasiert, sondern auf dem Tablet durchführen.

Zeitmanagement-Methode: Cornell-Methode

Die **Cornell-Methode** eignet sich besonders dann, wenn du Informationen in der Vorlesung aufnimmst, die du zu Hause noch mal nachbereitest. Vor allem für die Prüfungsvorbereitung ist diese Methode perfekt. Du benötigst lediglich ein Notizblatt (analog oder digital), welches in vier Teile gegliedert wird, daraus erstellst du dir dann einen Lernzettel:

Bereich 1: Überschrift = Thema der Vorlesung.

Bereich 2: Notizen, die du dir während der Vorlesung machst.

Bereich 3: Fragen, die du dir nach der Vorlesung zu den Notizen überlegst.

Bereich 4: Zusammenfassung, die du in zwei bis drei Sätzen zu dem Thema verfasst.

Wie kannst du diese Methode für deinen Unialltag nutzen?

<table>
<tr><td colspan="2">Bereich 1: Thema der Vorlesung z. B. Zeitmanagement im Studium</td></tr>
<tr><td>Bereich 3: Fragen, die du dir während oder nach der Vorlesung stellst
– Wie lassen sich im Studium Routinen aufbauen?
– Welche Zeitmanagement-Methoden eignen sich im Studium?
– Wie lässt sich die Pomodoro-Technik konkret für die Prüfungsvorbereitung nutzen?
– Was ist Deep Work und wie eignet sich die Methode für das Studium?</td><td>Bereich 2: Notizen, die du dir während der Vorlesung machst
Routinen aufbauen, Definition Zeitmanagement, Zeitmanagement-Methoden, Eat the Frog, ALPEN-Methode, Wichtiges, Dringendes, Eisenhower-Prinzip, SMART, Pareto-Prinzip, Pomodoro-Technik, Cornell-Methode, Ivy-Lee-Methode, Deep Work, Semesterplan</td></tr>
<tr><td colspan="2">Bereich 4: Zusammenfassung, die du dir nach der Vorlesung erstellst
Für ein gutes Zeitmanagement im Studium eignet sich der Aufbau von Routinen. Unterschiedliche Methoden (z. B. Eat the Frog, ALPEN-Methode) können einen Beitrag leisten, um schneller und entspannter Ziele zu erreichen. Deep Work gilt als probate Methode, um ablenkungsfrei und konzentriert zu arbeiten. Das Zeitmanagement im Studium lässt sich durch Shortcuts und Apps unterstützen.</td></tr>
</table>

Hier habe ich dir eine Vorlage für die Gestaltung eines Lernzettels mit der Cornell-Methode erstellt. Du kannst ihn dir ausdrucken und beschreiben oder mit Tablet und Pencil nutzen.

Vorlage: Lernzettel nach der Cornell-Methode

DOI: 10.36198/9783825261269-m06

Nun hast du neun Zeitmanagement-Methoden kennengelernt und erfahren, wie du sie konkret für dein Studium anwenden kannst. Welche Zeitmanagement-Methode gefällt dir am besten? Suche dir die Methoden aus, die gut zu dir passen, und setze sie direkt um.

- ☐ Eat the Frog
- ☐ ALPEN-Methode
- ☐ Wichtiges von Dringendem unterscheiden
- ☐ Eisenhower-Prinzip
- ☐ 80/20-Pareto-Prinzip
- ☐ Ivy-Lee-Methode
- ☐ Pomodoro-Technik
- ☐ SMART-Methode
- ☐ Cornell-Methode

3.3 Deep Work – Konzentriert und ablenkungsfrei arbeiten

Kennst du folgende Situation? Du sitzt an deinem PC, willst eigentlich für deine Klausur lernen, aber so richtig kannst du deine Gedanken nicht sortieren. Deine Hand greift automatisch zum Smartphone. Und schwups – es ist wieder eine halbe Stunde vergangen, ohne dass du deinem Lernziel des heutigen Tages nähergekommen bist.

All diese Ablenkungen kosten enorm viel Zeit und führen dazu, dass wir möglicherweise unser Ziel z. B. das Schreiben einer Abschlussarbeit oder das Lernen für eine Prüfung nicht erreichen oder zumindest nicht in der Zeit, in der wir es uns vorgenommen haben. Gloria Mark (2005, 2006) von der University of California untersuchte gemeinsam mit einem Forschungsteam, wie die Informationsflut durch digitale Medien die Produktivität beeinflusst.

Ergebnis der Studie

Hierbei kam zum Vorschein, dass sich die teilnehmenden Personen im Schnitt lediglich etwa drei Minuten auf eine Tätigkeit konzentrierten, bevor sie abgelenkt wurden. Unterbrochen wurden die Personen z. B. durch andere Bürokollegen, eingehende Anrufe bzw. Mails. Erstaunlicherweise entstand aber fast die Hälfte der Unterbrechungen durch die Personen selbst. Sie versuchten zwar noch, konzentriert mit einer Tätigkeit zu beginnen, unterbrachen sich dann aber selbst dabei, indem sie plötzlich eine Mail verfassten oder das Telefon in die Hand nahmen.

Überträgt man diese Ausführungen der Büroangestellten auf Studierende, würde das Folgendes bedeuten: Man versucht, sich auf eine Tätigkeit zu konzentrieren (z. B. Lernen für die Prüfung). Man beginnt mit der Tätigkeit und nach wenigen Minuten unterbricht man sich durch das Lesen von WhatsApp-Nachrichten selbst.

Doch was kannst du nun tun?

Deep Work gilt als geeignete Methode, um in einer Welt voller Ablenkung konzentriert und fokussiert zu arbeiten, ohne dabei durch Ablenkungen unterbrochen zu werden (Newport, 2019). Hirnpsychologisch gesehen ist dadurch eine effektivere Nutzung der Hirnzellen möglich. Je häufiger man es schafft, sich in den Zustand des Deep Works zu versetzen, desto effektiver wird man. Mit der Zeit wird es zudem leichter, sich auch über eine längere Zeit in einen konzentrierten Arbeitsmodus zu begeben.

Sieben Tipps, um im Deep Work konzentriert und ablenkungsfrei zu arbeiten

1. Nutze die morgendliche Willenskraft

Die Willenskraft und die Konzentrationsfähigkeit sind oftmals morgens am stärksten ausgeprägt. Somit sollten Aufgaben, die besonders viel Konzentration abverlangen, direkt am Morgen erledigt werden. Versuche also deine erste Arbeitsstunde nicht mit z. B. der Erstellung eines Deckblattes, dem Transkribieren von Text oder dem Formatieren eines Dokuments zu verbringen. Beginne mit einer Aufgabe, die deine volle Konzentration erfordert.

2. Vermeide Multitasking

Das permanente Hin- und Herspringen zwischen unterschiedlichen Tätigkeiten lässt uns nicht in den Deep Work gelangen. Versuche deshalb einerseits ähnliche Aufgaben zu bündeln (z. B. Literaturangaben prüfen, Seminararbeit formatieren) und gib dir andererseits auch Raum für oberflächliche Aufgaben (z. B. Schreibtisch aufräumen).

3. Finde deinen persönlichen Deep-Work-Style

Für den persönlichen Deep-Work-Style gibt es unterschiedliche Varianten. Prüfe, was zu dir passt:

- **Nimm dir eine komplette Auszeit:** Vielleicht hast du die Möglichkeit, dich für ein paar Tage oder sogar Wochen komplett zurückzuziehen, um möglichst viele Ablenkungs- und Störfaktoren auszuschalten.
- **Nimm dir eine temporäre Auszeit:** Manchmal kann es helfen, an einem oder an zwei Tagen in der Woche komplett ungestört zu arbeiten.
- **Schaffe dir immer wiederkehrende Auszeiten:** Vielleicht kannst du dich jeden Tag für drei Stunden in die Unibibliothek zurückziehen, um dort möglichst ohne viel Ablenkung zu arbeiten. Das kann auch an einem komplett aufgeräumten Schreibtisch funktionieren. Achte darauf, dass du in dieser Zeit für niemanden erreichbar bist.

4. Finde deine Rituale

Schaffe dir Rituale …

- **… zur Arbeitszeit** (z. B. jeden Tag frühmorgens von 07:00 bis 11:00 Uhr oder spätabends von 21:00 bis 01:00 Uhr).
- **… zum Arbeitsort** (z. B. in der Bibliothek oder am Schreibtisch).
- **… zur Methode** (z. B. das Internet in der Zeit von 09:00 bis 11:00 Uhr nicht benutzen).
- **… zum Output** (z. B. eine Seite der Hausarbeit pro Tag schreiben).

5. Schaffe dir eine Tagesstruktur

Beginne den Tag nicht nur um dieselbe Uhrzeit, lass den Tag auch immer um dieselbe Uhrzeit enden. Newport (2019) empfiehlt hier die Methode des „Daily-Shutdown-Rituals". Das funktioniert so:

Plane am Ende eines jeden Arbeitstages deinen nächsten Tag und bestimme hierbei, welche Aufgaben Priorität haben (siehe Kapitel 3.2 Zeitmanagement-Methoden: Ivy-Lee-Methode). Plane die jeweiligen Arbeitsschritte detailliert und integriere unerledigte Aufgaben des Vortages in die Planung. Beende deinen Arbeitstag indem du laut sagst „Shutdown complete" (hier kannst du selbstverständlich auch ein eigens gewähltes Mantra wählen wie z. B. „Feierabend"), um die Gedanken an die Arbeit beiseitezulegen und sich ganz der Freizeit zu widmen.

6. Plane bewusst Pausen ein

Kennst du folgende Situation? Du brütest angestrengt über einem Problem, kommst aber nicht auf die Lösung. Ein paar Tage später fällt sie dir plötzlich ein, ohne dass du bewusst erneut über das Problem nachgedacht hast.

Pausen führen dazu, dass uns das Unbewusstsein beim Lösen von Problemen hilft. Dabei eignen sich vor allem Tätigkeiten mit automatischen Bewegungsabläufen wie z. B. Spazierengehen, Joggen, Schwimmen oder Radfahren. Auch wird davon ausgegangen, dass in Schlafphasen neuronale Verknüpfungen zu kreativen Sprüngen verhelfen, die für das Problemlösen notwendig sind. Allerdings können diese Verbindungen erst dann entstehen, wenn zuvor „deep" gedacht wurde.

7. Der Extra-Hack für Deep Work

Du kannst besser mit Musik arbeiten? Suche im Internet nach „music for deep focus" und schaue, ob dir diese Art der Musik zum Deep Work verhelfen kann.

Nutze die Forest-App (alternativ: Plantie-App): Diese App kann dir dabei helfen, konzentrierter zu arbeiten. Wenn du dein Smartphone für eine vorher festgelegte Zeit nicht verwendest, wächst dein Baum, andernfalls stirbt er.

3.4 Semester planen

Ein gut geplantes Semester kann dich vor Stress und Ärger während des Semesters bewahren. Deshalb: Schnappe dir einen Kalender und fange direkt mit der Planung an! Dabei spielt es keine Rolle, ob der Kalender digital oder papierbasiert ist! Entscheide dich für das, womit du besser zurechtkommst!

Reflektiere dein letztes Semester

Was ist dir in deinem letzten Semester gut gelungen? Das solltest du auf jeden Fall beibehalten! Was hat noch nicht so gut funktioniert? Hattest du eine außerordentlich stressige Klausurphase? Hast du Prüfungen nicht bestanden? Hast du Termine vergessen? Hier musst du dich offen und ehrlich reflektieren und genau überlegen, was du tun kannst, dass dir nicht die gleichen Fehler im kommenden Semester noch mal passieren.

Kläre die Rahmenbedingungen

Welche Rahmenbedingungen erwarten dich in diesem Semester? Das hängt natürlich von deinem Studienverlaufsplan ab. Der Studienverlaufsplan ist der übergeordnete Plan deines Studiums. Der rote Faden, der alle Elemente beinhaltet und dich zu deinem Studienziel führt. Welche Praktika musst du wann absolvieren? Welche Klausuren sind wann geplant? Welche Vorlesungen musst du besuchen? Was wird in den einzelnen Veranstaltungen verlangt? Wann steht die Abschlussarbeit an? Wenn du diesen Gesamtüberblick hast, ist es einfacher, die Anforderungen für das anstehende Semester zu umreißen und zu planen.

Definiere Ziele

Nachdem die Rahmenbedingungen klar sind, kannst du deine Ziele konkretisieren. Achte bei der Formulierung auf möglichst smarte Ziele (siehe Kapitel 3.2 Zeitmanagement-Methoden: SMART-Methode). Diese könnten wie folgt aussehen:

- Ich möchte in der Hausarbeit mindestens die Note 2,0 erreichen.
- Ich möchte bereits in diesem Semester mit der groben Literaturrecherche für meine Bachelorarbeit beginnen.
- Ich möchte in diesem Semester einen Praktikumsplatz für das kommende Semester finden.

Auch solltest du dir private Ziel vormerken. Willst du dich sportlich betätigen oder die Familie regelmäßiger besuchen? Schreibe dir diese Ziele gleich mit auf.

Verteile den Arbeitsaufwand über das Semester gleichmäßig

Wenn du die Möglichkeit hast, Referate, Hausarbeiten usw. flexibel einzuteilen, dann versuche, diese direkt an den Anfang des Semesters zu legen. Je weiter du im Semester fortgeschritten bist, desto näher rückt die Klausurphase, die meist sehr anstrengend ist. Auch kannst du ggf. Seminare und Vorlesungen als Blockveranstaltungen wahrnehmen – das spart Zeit. Online-Veranstaltungen, die du dir selbst einteilen kannst, sollten in Phasen absolviert werden, in denen du noch nicht zu viele Termine hast. Was weg ist, ist weg!

Erstelle einen Wochenplan

Wenn du die Möglichkeit hast, Veranstaltungen und Seminare frei zu wählen, würde ich dir immer empfehlen, diese komprimiert auf maximal drei bis vier Tage in der Woche zu legen. Den „freien“ Tag kannst du nutzen, um z. B. Hausarbeiten zu schreiben, Präsentationen vorzubereiten, Übungsaufgaben durchzuführen, Texte und Studien in Vorbereitung für die nächste Veranstaltung zu lesen oder dem Nebenjob nachzugehen. Außerdem motivierst du dich eher in die Uni zu gehen, wenn gleich mehrere Veranstaltungen an einem Tag auf dem Stundenplan stehen.

Plane Deadlines ein

Oberstes Gebot: Deadlines nicht verpassen! Bis wann musst du den Folgeantrag für das BAföG beantragen? Wann musst du dich immatrikulieren? Wann musst du dich für Prüfungen anmelden? Schreibe dir diese wichtigen Termine gleich fett in deinen Kalender!

Baue ein Netzwerk und Lerngruppen auf

Baue dir vor oder zu Beginn des Semesters ein Netzwerk mit anderen Studierenden auf. Das hat den Vorteil, dass du – solltest du doch mal eine Deadline vergessen – im Austausch mit anderen sicherlich daran erinnert wirst. Auch haben gemeinsame Lerngruppen deutliche Vorteile! Mit anderen lernen motiviert und macht einfach mehr Spaß! In einem Studi-Netzwerk kannst du auch von Studierenden profitieren, die schon weiter im Studium fortgeschritten sind als du. Sie können dir hilfreiche Tipps zu Prüfungen oder Lehrveranstaltungen geben.

3.5 Zeitmanagement-Hack: Shortcuts

Wenn du bislang noch keine Shortcuts (Tastenkombinationen) in Windows und zur Bearbeitung von Word-Dokumenten verwendest, solltest du dies unbedingt ausprobieren. Durch das Drücken mehrerer bestimmter Tasten auf deiner Tastatur werden Befehle ausgeführt. Zu den bekanntesten Shortcuts gehören Strg + C = kopieren und Strg + V = einfügen. Der größte Vorteil liegt in der Zeitersparnis.

Hier findest du eine Übersicht mit den gängigsten Shortcuts:

Shortcuts im Browser und allgemeine Tastenkombinationen

- STRG + T: Neuen Tab öffnen
- STRG + D: Seite als Lesezeichen speichern
- STRG + W: Tab schließen
- STRG + F5: Webseite neu laden
- STRG + L: Mit Cursor in die Adressleiste springen
- STRG + + (Plus): Zoom vergrößern
- STRG + – (Minus): Zoom verkleinern
- STRG + 0 (Null): Zoom zurücksetzen
- F11: Vollbildmodus aktivieren
- Windows + Tab: Alle geöffneten Anwendungsfenster anzeigen
- Windows + L: Bildschirm sperren
- STRG + Alt + Entf: Notfallprogramm öffnen (besonders praktisch, wenn der PC hängt)

- Windows + D: Desktop anzeigen
- Windows + Pfeil nach unten: Fenster minimieren
- Alt + F4: Programm schließen
- Windows + E: Explorer öffnen
- Windows + Shift + S: Screenshot erstellen
- Windows + G: Bildschirm aufzeichnen

Shortcuts zum Bearbeiten von Dokumenten (z. B. Word-Dokumente)

- STRG + A: Alles markieren
- STRG + B: Blocksatz
- STRG + C: Ausgewählte Inhalte kopieren
- STRG + D: Schriftart ändern
- STRG + F: Suchen
- STRG + G: Gehe zu...
- STRG + H: Suchen und ersetzen
- STRG + K: Hyperlink einfügen
- STRG + N: Neues Dokument öffnen
- STRG + P: Dokument drucken
- STRG + S: Dokument speichern
- STRG + X: Ausgewählte Inhalte ausschneiden
- STRG + V: Ausgewählte Inhalte einfügen (diese müssen zuvor beispielsweise mit Strg + C ausgewählt sein)
- STRG + Z: Aktion rückgängig machen
- STRG + P: Drucken

Du kannst dir die Übersicht mit den gängigen Shortcuts auch ausdrucken und auf deinen Schreibtisch legen, dann kannst du jederzeit auf sie zurückgreifen.

Übersicht: Shortcuts

DOI: 10.36198/9783825261269-m07

3.6 Zeitmanagement-Hack: Apps für das Zeitmanagement

Apps auf dem Smartphone erleichtern unser Leben im Allgemeinen und das Zeitmanagement im Besonderen ungemein. Die im Folgenden aufgeführten Apps helfen dir dabei, dich in deinem Studium zu strukturieren und zu organisieren. Sie sind sowohl für Android als auch für iOS verfügbar und zumindest in ihrer Basic-Version kostenlos.

App	Was kann die App?
Evernote	– Notizen, Dokumenten und Fotos ordnen und strukturieren – Artikel, Bücher und Links systematisieren – Mit anderen Gruppenmitgliedern zusammenarbeiten
Todoist	– Aufgaben und To-do-Listen erstellen – To-dos abhaken – Projekte erstellen – Mit anderen Gruppenmitgliedern zusammenarbeiten
Zenkit	– Kalender anzeigen – To-do-Listen und Kanban-Board erstellen – Mindmaps erstellen – Mit anderen Gruppenmitgliedern zusammenarbeiten
Trello	– To-do-Listen erstellen – Projekte, Boards und Karten erstellen – Projekte verwalten – Mit anderen Gruppenmitgliedern zusammenarbeiten
Doodle	– Gemeinsam mit anderen Personen Termine finden – Mit z. B. Outlook- oder Google-Kalender synchronisieren
CamScanner	– Dokumente scannen, speichern und teilen – Text erkennen
Paperscan	– Dokumente scannen, speichern und teilen – Seminarnotizen automatisch schneiden
Studydrive	– Informationen rund um das Studium überblicken – Stundenplan erstellen – Auf alle geteilten Dokumente und Mitschriften anderer Studierender sowie Lösungen oder Zusammenfassungen zugreifen – Fragen zu Erasmus oder BAföG beantworten
Citavi	– Literatur abspeichern (Artikel, Bücher etc.) – Bibliothekskataloge sortieren – Zitate übernehmen – Wissenschaftliches Arbeiten

4. Motivation is all! Wie du dich selbst immer wieder aufs Neue motivierst

Das erwartet dich in diesem Kapitel:

4.1 Raus aus dem Motivationstief	4.2 Aufschieberitis bekämpfen	4.3 Studienabbruch verhindern
4.4 Motivations-Hack: Journaling im Studium	4.5 Motivations-Hack: Moodboard erstellen	

4.1 Raus aus dem Motivationstief

> **Positives Denken und der Glaube an sich selbst sind der Weg zum Erfolg.**
>
> *Josef Dlask*

Die Präsentation, die noch fertiggestellt werden muss, die Hausarbeit, für die noch nicht mal die Fragestellung klar umrissen ist, die Vorlesungsinhalte, die noch aufbereitet werden sollten und mittendrin ein absolutes Motivationstief. Schon der Gedanke daran, sich an den Schreibtisch zu setzen und das Laptop aufzuklappen, lässt einen die Decke noch tiefer über den Kopf ziehen. Grundsätzlich gilt: Motivationstiefs während des Semesters oder des Studiums sind unausweichlich und kommen vor. Es ist fast unmöglich, permanent 100 % Gas zu geben.

Die Ursachen hierfür können unterschiedlich gelagert sein. Sie können im direkten Zusammenhang mit dem Studium stehen oder aber auch mit persönlichen Problemen.

Wenn es sich lediglich um Lustlosigkeit handelt, dann helfen folgende Tricks, sich wieder aus dem Tief zu befreien:

1. Finde die Ursache für dein Motivationstief heraus

Was ist die Ursache für dein Motivationstief? Private Sorgen? Schlechte Leistungen im Studium? Sinnlosigkeit? Versuche herauszufinden, ob du die Ursache beheben kannst. Zwischenmenschliche Konflikte lassen einen nicht nur schlecht schlafen, sie rauben ungemein viel Energie. Schaue genau hin und versuche das Problem zu lösen. Möglicherweise muss man sich von Personen trennen, die einem permanent Energie

> **Es ist nicht mein Ziel, besser zu sein als alle anderen, sondern besser als ich selbst zuvor.**
>
> *Wayne Dyer*

ziehen. Wenn die Ursache allerdings Desinteresse an deinem Studienfach ist, ist es eigentlich unvermeidbar, dass du in einem Loch steckst. Sollte das der Fall sein, wäre es ratsam, ernsthaft über einen Studienabbruch nachzudenken und etwas in Angriff zu nehmen, wofür man mehr brennt. Kleine Anmerkung: Selbst, wenn du dein Traumstudium gefunden hast, kann es zu einem Motivationstief kommen!

2. Prüfe deine Work-Life-Balance

Wenn deine Work-Life-Balance momentan deutlich zugunsten von „Work" ausfällt, ist es kein Wunder, dass du müde, schlapp und lustlos bist. Nimm dir eine Auszeit. Plane einen Wochenendtrip oder mehrere Tage Urlaub. Manchmal hilft schon ein Tag in der Sauna oder am See, um die Situation mit etwas Abstand neu zu bewerten.

> **Wenn du fliegen willst, musst du die Sachen loslassen, die dich runterziehen.**
>
> *Toni Morrison*

3. Optimiere die Rahmenbedingungen

Wenn die Wohnung, das Zimmer oder der Schreibtisch wie ein Schlachtfeld aussehen, ist es nahezu unmöglich, sich auf das Lernen zu konzentrieren. Versuche Hindernisse zu beseitigen, die sich verhältnismäßig einfach aus dem Weg räumen lassen.

4. Gib der Aufschieberitis keine Chance

Oftmals kommt es zu einem Motivationstief, weil man ständig wichtige Aufgaben vor sich herschiebt. Der Berg wird immer größer und irgendwann wird er als nicht mehr bewältigbar erlebt. Dem kannst du vorbeugen, indem du kontinuierlich (unliebsame) Aufgaben auf deine Tages-To-do-Liste setzt und abarbeitest. Sollte der Berg schon gefühlt zu groß sein, nimm dir ein Blatt Papier und schreibe alle zu erledigenden Aufgaben nieder. Was auf dem Papier steht, ist zumindest schon mal aus dem Kopf. Und jetzt: Atme tief durch und beginne mit dem ersten To-do deiner Liste.

> **Wer immer tut, was er schon kann, bleibt immer das, was er schon ist.**
>
> *Henry Ford*

5. Setze dir Ziele

Was willst du erreichen? Für die anstehende Seminararbeit eine gute Note erhalten? Dann male dir bereits jetzt das Ergebnis in den schillerndsten Farben aus: Wie fühlt es sich an, wenn du die Arbeit fertiggestellt hast? Wie fühlt es sich an, wenn du sie abgibst? Wie fühlt es sich an, wenn du die gute Note mitgeteilt bekommst? Was wirst du an dem Tag tun? Was kannst du dir Schönes gönnen? Je bunter und vielfältiger du dir das mit allen Sinnen vorstellst, desto stärker ist die Motivation.

6. Bilde Lerngruppen – suche nach Gleichgesinnten

Wer muss sich in deinem Semester derzeit auch mit einer Seminararbeit herumschlagen? Warum verabredest du dich nicht zum gemeinsamen Schreiben in der Bibliothek oder an einem schönen Ort wie z. B. in einem Café? Selbst wenn die Person nicht in der gleichen Stadt wohnt – so what! Trefft euch über eine Videokonferenz-Plattform. Geteiltes Leid ist halbes Leid.

Alle Träume können wahr werden, wenn wir den Mut haben, ihnen zu folgen.

Walt Disney

7. Sprich darüber und hole dir Hilfe

Meist hilft es schon, wenn man über seine Probleme sprechen kann. Sicherleich hast du eine Person deines Vertrauens, die du einweihen kannst. Auch Mitstudierende, die gerade in der gleichen Situation stecken, können dich unterstützen. Frust ablassen ist absolut okay! Im Jammertal sollte man aber nicht stecken bleiben!

8. Erinnere dich an vergangene Erfolge

Sicherlich gab es bei dir in der Vergangenheit schon Situationen, in denen du deine Motivation verloren hast. Rufe dir wieder ins Gedächtnis, was du bereits schon geschafft hast und wie du dich damals wieder motivieren konntest. Das stärkt das Selbstvertrauen. Tschakka du schaffst das!

4.2 Aufschieberitis bekämpfen

Einer Umfrage des deutschen Online-Portals für Statistik zufolge, leidet ca. ein Viertel der Deutschen daran, „Dinge aufzuschieben" (Statista Research Department, 2011). Grundsätzlich kennt das wohl jede und jeder. Problematisch wird es dann, wenn es zu negativen Konsequenzen für die Betroffenen führt. An der Uni Münster wird bereits seit 2004 zu dieser Thematik geforscht. Etwa 10 % der Studierenden leiden an der pathologischen Form des Aufschiebens – der sogenannten Prokrastination. Diese zeigt sich dann, wenn die Betroffenen ihr Verhalten nicht ändern, trotz sich daraus ergebener ernsthafter Probleme. Kommt es sogar zu Symptomen wie Angstattacken, Unruhe oder Schlafstörungen, bedarf es womöglich einer entsprechenden Behandlung.

Teste dein Aufschiebeverhalten

Die Prokrastinationsambulanz der Universität Münster hat einen kostenlosen Selbsttest für Prokrastination entwickelt. Dieser besteht aus Fragebögen zum Aufschiebeverhalten, zur Depressivität und zu Aufmerksamsproblemen.

QR-Code: Selbsttest Prokrastination

Handelt es sich nicht um eine krankhafte Form, sondern um das alltägliche Aufschieben, so können dir die folgenden neun Strategien helfen:

Neun Strategien gegen das alltägliche Aufschieben

1. Priorisiere

Welche Aufgaben sind wichtig? Welche Aufgaben sind dringend? Wichtige Aufgaben solltest du selbst erledigen, dringende Aufgaben können delegiert werden. Bisweilen gibt es auch Aufgaben, die beides vereinen. Dann solltest du sie selbst und sofort erledigen (siehe Kapitel 3.2: Eisenhower-Prinzip). Zunächst ist es ratsam, eine Prioritätenliste zu erstellen. Sich mit einem Thema auseinandersetzen, zu dem man eine Seminararbeit oder eine Abschlussarbeit schreiben möchte, sollte man selbst und möglichst zu Beginn einer Arbeit tun. Dringend ist es zum Beispiel, ein Buch aus der Bibliothek abzuholen, da dieses vielleicht nur noch an dem Tag verfügbar ist. Diese Tätigkeit kann auch ein Kommilitone oder eine Kommilitonin übernehmen.

2. Setze dir Deadlines

Hat das Verhalten des Aufschiebens keine (unmittelbare) negative Konsequenz, neigen wir häufiger dazu, unangenehme Dinge aufzuschieben. Eine Seminararbeit, die keine Deadline hat oder auf freiwilliger Basis beruht, wird wohl eher nach hinten geschoben als eine Arbeit, die mit einer Note verbunden ist oder sogar darüber entscheidet, ob das Studium fortgeführt werden kann. Setze dir somit eine persönliche Deadline: „Bis zum Tag X werde ich die Arbeit abgeben".

3. Weniger ist mehr – bleibe realistisch

Eine Seminararbeit an einem Tag und eine Bachelorarbeit in zwei Wochen schreiben? Das sind definitiv unrealistische Ziele. Bevor du an dem großen Ganzen verzweifelst, versuche die große Aufgabe in kleine Aufgaben zu unterteilen. Gehen wir davon aus, du hast dir zum Ziel gesetzt, eine Seminararbeit anzufertigen. Nun kannst du dir vornehmen, pro Tag eine Studie zu dem Thema zu lesen und die wesentlichen Inhalte zusammenzufassen oder pro Tag eine Seite für die Seminararbeit zu schreiben.

4. Plane

Versuche dir z. B. deine Seminar- oder deine Abschlussarbeit als Projekt vorzustellen, welches unterschiedliche Teilziele hat. Für jedes Teilziel benötigst du Arbeitspakete, die abgearbeitet werden müssen. Ein Teilziel könnte das Erstellen einer (vorläufigen) Gliederung für die Abschlussarbeit sein. Ein Arbeitspaket hierzu könnte die Erstellung eines Grobkonzeptes mit den entsprechenden Hauptkapiteln sein. Ziel ist es, die jeweiligen Teilziele mit Arbeitspaketen zu befüllen, um daraus wiederum einen realistischen Zeitplan zu erstellen. Zudem solltest du immer Puffer einplanen, da stets unvorhergesehene Dinge eintreten können. Bist du der visuelle Typ? Dann kannst du dir den Plan auch aufmalen oder einen Projektplan verwenden. Allerdings solltest du dich nicht im Detail verlieren. Das bringt uns schon zum nächsten Punkt.

5. Überorganisiere dich nicht
Wenn die Selbstverwaltung deiner Organisation länger als die Umsetzung dauert, machst du etwas falsch. Bevor du dich zu lange mit einem Tool beschäftigst, um die Arbeitsschritte deiner Abschluss- oder Seminararbeit zu planen und du dabei wertvolle Zeit verlierst – keep it short and simple. Mit einem Blatt Papier und ein paar (bunten) Stiften kommst du womöglich zum gleichen Ergebnis.

6. Arbeite ablenkungsfrei – schalte Störquellen aus
Auch wenn es nur allzu verlockend ist, sich über die Push-Benachrichtigungen auf dem Smartphone ablenken zu lassen, so solltest du versuchen, möglichst alle Störquellen auszuschalten. Schreibtisch aufräumen, Smartphone ausschalten, Radio aus, Tür zu und anfangen. Lassen wir uns permanent ablenken, ist es zudem schwer, in einen richtig tiefen Arbeitsflow zu kommen. Eine Studie der University of California zu digitaler Ablenkung zeigt (u.a. Mark, 2006), dass es bis zu 23 Minuten dauern kann, bis wir uns nach einer Ablenkung wieder auf unsere eigentliche Aufgabe konzentrieren können. Werden wir alle fünf Minuten abgelenkt, erreichen wir nie den tiefen Arbeitsflow.

7. Entwickle Routinen
Gewohnheiten helfen dabei, den Tagesablauf zu strukturieren und dabei systematisch vorzugehen. Jeden Tag zur gleichen Zeit aufstehen, duschen, anziehen, Kaffee oder Tee trinken und los geht's an den Schreibtisch. Überdies haben Routinen auch etwas Beruhigendes. Wenngleich es etwa zwei Monaten dauert, bis sich eine richtige Gewohnheit entwickelt, so solltest du dir gleich zu Beginn deines Studiums positive Routinen antrainieren. Schließlich lernt unser Gehirn durch Wiederholungen. Je häufiger du etwas tust, desto schneller und besser gewöhnst du dich daran.

8. Verabrede dich mit Gleichgesinnten
Verabrede dich mit Mitstudierenden, um z. B. gemeinsam für zwei Stunden pro Tag in der Bibliothek deiner Uni oder Hochschule zu arbeiten. Natürlich könnt ihr euch auch an jedem anderen Ort treffen. Hier bedarf es allerdings etwas mehr Disziplin. Dennoch führt diese Strategie dazu, dass ihr letztlich gemeinsam das Ziel erreicht.

9. Belohne dich
„Wenn ich mich noch eine Stunde mit meiner Arbeit beschäftige, darf ich eine Folge Netflix schauen." Solche Belohnungssysteme können dazu beitragen, eine Aufgabe motiviert anzugehen. Manchmal reicht es auch, sich mit dem Abhaken eines Punktes auf der To-do-Liste oder einer Tasse Tee zu belohnen. Durch diese kleinen Belohnungen

kommst du deinem langfristigen Erfolg zumindest schrittweise näher. Und diese Strategie funktioniert fast in jedem Bereich des Lebens.

Mein Call-to-Action für dich lautet:

Suche dir mindestens drei Strategien gegen das Aufschieben aus und beginne direkt heute mit der Umsetzung. Welche drei Strategien kannst du leicht umsetzen?

4.3 Studienabbruch verhindern

Sechs Gründe für einen Studienabbruch und wie sich ein Abbruch verhindern lässt

Der DZHW-Projektbericht aus dem Jahr 2018 zeigt, dass die Abbruchquote bei deutschen Studierenden im Bachelorstudiengang bei 28 % liegt (Heublein & Schmelzer, 2018, 5). Wenngleich die Studienabbrüche in den Studienbereichen sehr unterschiedlich sind – so lässt sich z. B. bei der Fächergruppe Mathematik ein deutlich höherer prozentualer Anteil an Abbrüchen verzeichnen als im Bereich der Wirtschaftswissenschaften oder im Sozialwesen (ebd., 10f.). Es stellt sich also die Frage, warum brechen Studierende ein Studium ab und wie lässt sich ein Abbruch verhindern?

1. Grund: Den Leistungsanforderungen nicht gerecht werden

Wie lässt sich das verhindern?

Es ist besonders wichtig, von Beginn an „am Ball zu bleiben". Hier empfiehlt es ich, kontinuierlich etwas für das Studium zu tun, um den Überblick zu behalten und mitzukommen. Wer erst in der Prüfungsphase beginnt, seine Unterlagen zu sortieren, um die Inhalte zu lernen, gerät schnell an seine Grenzen. Wochenpläne können z. B. dabei helfen, strukturiert vorzugehen (siehe Kapitel 3.4: Semester planen).

2. Grund: Mangelnde Motivation für das Studium

Wie lässt sich das verhindern?

Um ein Studium erfolgreich abzuschließen, bedarf es einer dauerhaften Motivation. Hier helfen Struktur und Kontinuität. Ferner kann der Austausch mit Kommilitonen hilfreich sein. Gemeinsame Lerngruppen eignen sich, um Inhalte, die man nicht verstanden hat, gemeinsam zu besprechen. Außerdem ist es hilfreich zu erfahren, dass Studienkollegen ähnliche Probleme haben. Allein über ein bestimmtes Thema zu sprechen, kann dazu führen, dass zündende Ideen kommen. Manchmal braucht es einfach den ein oder anderen Gedankenanstoß, um Dinge zu verstehen.

3. Grund: Mangelnder Praxis- und Berufsbezug

Wie lässt sich das verhindern?

Fest steht, dass Studiengänge oftmals einen geringeren direkten Praxis- und Berufsbezug als berufliche Ausbildungen aufweisen. Wem ein Praxisbezug sehr wichtig ist, der sollte vor Beginn seines Studiums prüfen, ob es möglich ist, Praktika zu absolvieren. Meist ist der Praxisbezug an einer Fachhochschule höher als an einer Universität. Es spricht auch nichts dagegen, sich parallel zum Studium einen Nebenjob in dem angestrebten Berufsfeld zu suchen, um dadurch den beruflichen Bezug herzustellen und das theoretische Wissen mit der Praxis zu verknüpfen.

4. Grund: Finanzielle Engpässe

Wie lässt sich das verhindern?

Finanzielle Engpässe können dazu führen, dass ein Studium abgebrochen wird. Die Sicherstellung der finanziellen Situation ist maßgeblich davon abhängig, ob ein Studium durchgezogen wird. Es gibt unterschiedliche Möglichkeiten, wie sich ein Studium finanzieren lässt. Zum einen sollte man prüfen, ob man berechtigt ist, BAföG zu erhalten. Wenn man nicht BAföG-berechtigt ist, gibt es aber auch weitere Optionen wie z. B. Stipendien. Stipendien werden nicht nur für sehr gute Studiumsleistungen vergeben, es werden auch Aspekte wie soziales Engagement im Lebenslauf berücksichtigt. Eine weitere Möglichkeit, das Studium zu finanzieren ist, einen Nebenjob anzunehmen oder in den Semesterferien zu arbeiten. Die Bandbreite der Nebenjobs ist enorm: im Café kellnern, Babysitten, Nachhilfe anbieten, im Supermarkt Regale auffüllen, auf Festivals arbeiten, im Klamottenladen aushelfen etc. Möglicherweise ist ein Job als studentische Hilfskraft („HiWi") an deiner Hochschule genau das Richtige für dich. Letztlich kannst du auch einen Bildungskredit aufnehmen, um deine akademische Karriere zu fördern. Diese Art von Krediten werden oftmals zu fairen Konditionen angeboten (weitere Idee, wie du dein Studium finanzieren kannst, findest du in Kapitel 10: Let's talk about money! Wie du dein Studium finanzierst).

Reminder: Es ist auf jeden Fall sinnvoll, Geld in Bildung zu investieren!

5. Grund: Persönliche Gründe

Wie lässt sich das verhindern?

Ein Teil der Studierenden führt den Studienabbruch auf persönliche Gründe zurück, wobei Krankheit bzw. psychische Probleme dabei die größte Rolle spielen (Heublein et al., 2017, 16). 11 % aller Personen, die ein Studium abbrechen, sind krankheitsbedingt im Studium gescheitert. Teilweise liegen die Gründe am Nicht-Wohlfühlen am Studienort (ebd.). Liegt eine Erkrankung vor, besteht immer die Möglichkeit, das Studium vorerst zu pausieren, sich seiner Genesung zu widmen und zu einem späteren Zeitpunkt wieder einzusteigen.

6. Grund: Berufliche Alternative

Wie lässt sich das verhindern?

Für einige Studierende ergeben sich während des Studiums berufliche Alternativen. Dabei muss man für sich entscheiden, was einem wichtiger ist: Direkt Geld verdienen oder einen Studienabschluss in der Tasche haben? Folgende Fragestellungen könnten zur Entscheidungsfindung helfen:

- Weshalb studiere ich?
- Wie wichtig ist mir ein Studienabschluss/-titel?
- Benötige ich den Studienabschluss für den Job bzw. ist er hilfreich für den Job, den ich in der Zukunft machen möchte?
- Kann ich ggf. zu einem späteren Zeitpunkt noch mal in das Studium einsteigen?
- Ist das aktuelle Jobangebot wirklich so verlockend?

7. Grund: Schlechte Studienbedingungen

Wie lässt sich das verhindern?

Die mangelhafte Organisation des Studiums (33 %) und die ungenügende Betreuung durch Dozierende (31 %) werden von den Studienabbrechern als Hindernis angesehen (Heublein et al., 2017, 18). Auch die Anonymität der Hochschule spielt für ein Viertel der Abbrechenden eine wichtige Rolle bei ihrer Entscheidung (ebd.). Hier könnte man zunächst die Problematik mit dem Studiengangsbetreuenden besprechen, ob sich organisatorische Prozesse verbessern lassen. Du kannst dich auch selbst aktiv in der Hochschule einbringen, um Rahmenbedingungen zu verbessern, indem du dich z. B. für die Wahl der studentischen Vertretung aufstellen lässt.

Mein persönlicher Tipp für dich:

Wenn du mit dem Gedanken spielst, dein Studium abzubrechen, dann kann ich dir Folgendes raten: Wäge alle Vor- und Nachteile sorgfältig ab und entscheide nicht aus dem Bauch heraus. Wenn du entschieden hast, gehe deinen Weg und hadere nicht.

4.4 Motivations-Hack: Journaling im Studium

Was ist eigentlich Journaling oder Bullet-Journaling? Welche Vorteile hat es und wie lässt es sich sinnvoll für das Studium nutzen?

Ein Bullet-Journal ist zunächst ein leeres Notizbuch, das als Kalender dient. Darüber hinaus bietet es Raum für Termine, Gedanken, Inspirationen, Ideensammlungen oder das Tracken von Gewohnheiten (Habit-Tracking). Jeder Mensch gestaltet sein Bullet-Journal so, wie er es möchte. Wer mag, zeichnet, bastelt, übt sich im Handlettering und klebt Sticker oder getrocknete Blumen ein. Es gibt kein Richtig oder Falsch. So wie du es gestaltest, ist es richtig.

Die Grundausstattung für das Journaling

- Notizbuch oder Collegeblock (Tipp: kariert oder punktkariert sind als Hilfslinien gut geeignet; das Papier sollte nicht zu dünn sein, da es sonst zu stark durchdrückt)
- Lineal
- Bleistift und Radiergummi
- Filzstifte und Buntstifte
- Fineliner
- Brushpens
- Tuschestifte
- Textmarker

Vorteile des Journalings im Studium

Es kann dabei helfen:

- Den Überblick zu behalten
- Eine bessere Struktur/Klarheit zu erlangen
- Die Problemlösekompetenz und die Kreativität zu erhöhen
- Die Motivation zu steigern
- Die Reflexivität zu erhöhen
- Ruhe einkehren zu lassen
- Prokrastination einzudämmen

Möglichkeiten der Nutzung des Journalings im Studium

- Jahresübersicht
- Wochenübersicht
- Modulübersicht

- Klausurübersicht
- Übersicht mit Abgabeterminen von Büchern oder Hausarbeiten
- Finanzübersicht (Einnahmen und Ausgaben)
- Tracking von Gewohnheiten (Habits) (z. B. Schlafzeit, Lernzeit, Zeit für Nebenjob)
- Zielsetzungen für die Woche, den Monat, das Jahr

Wie fange ich mit dem Journaling an?

- Gestalte eine Jahresübersicht (inkl. Feiertagen und Semesterferien).
- Gestalte eine Übersicht des gesamten Semesters auf einer Doppelseite (z. B. Veranstaltungen, Dozenten, Räume).
- Gestalte einzelne Monats- und Wochenansichten.
- Gestalte einzelne Seiten (z. B. Budgetplan, persönliche Ziele).

Grundsätzlich gilt: Journaling im Studium ist keine Wunderwaffe für Struktur, Ordnung und bessere Noten. Für manche passt es überhaupt nicht und fühlt sich nicht richtig an. Für andere passt es super und wieder andere müssen erst ihren Weg finden. Somit ist mein Tipp: Einfach mal ausprobieren! Hier findest du Journaling-Vorlagen, die du entweder ausdrucken und mit dem Stift ausfüllen kannst oder du kannst sie mit Tablet und Pencil nutzen.

Vorlagen: Journaling im Studium

DOI: 10.36198/9783825261269-m08

4.5 Motivations-Hack: Moodboard erstellen

Bei einem Moodboard handelt es sich um eine Collage aus Bildern und Sprüchen beliebiger Art, die dich anspricht und deine Stimmung anheben kann. Dazu werden auf einer Seite Bilder stimmig angeordnet, die im Ganzen miteinander harmonieren. Du kannst dein Moodboard digital anlegen oder in Papierform gestalten. Selbstverständlich sind bei der Gestaltung keinerlei Grenzen gesetzt. So könnte ein Moodboard aussehen:

Beispiel: Moodboard

DOI: 10.36198/9783825261269-m09

Step-by-step-Anleitung für dein Moodboard

Step 1: Überlege dir, welchen Zweck dein Moodboard verfolgt. Das Ziel könnte sein, dass du deinen Urlaub visualisierst, den du nach deiner Prüfungsphase geplant hast.

Step 2: Suche dir Bilder und Texte aus, mit denen du schöne Erinnerungen verbindest oder die dein Ziel visualisieren. Das können Fotos aus dem letzten Urlaub sein, Motivationssprüche oder auch selbst gemalte Bilder. Lass dich inspirieren.

Step 3: Nun musst du dich für bestimmte Bilder und Sprüche entscheiden. Arrangiere die Bilder so lange, bis es sich für dich passend anfühlt. Insgesamt sollte das Moodboard maximal die Größe von einer DIN-A4-Seite haben.

Step 4: Drucke dir dein Moodboard aus und bringe es dort an, wo du es häufig sehen kannst. Wenn du beim Schreiben deiner Hausarbeit oder beim Lernen für deine Prüfungen einen Durchhänger hast, hilft dir das Moodboard möglicherweise dabei, deine Stimmung zu verbessern.

5. Lerne smart not hard! Wie du wirklich sinnvoll lernst

Das erwartet dich in diesem Kapitel:

5.1 Lerntypen – so ein Quatsch	5.2 Lernplan erstellen	5.3 Effektive und weniger effektive Lerntechniken
5.4 Auswendig lernen	5.5 Die persönliche Lernstrategie entwickeln	5.6 Lern-Hack: Apps zum Lernen

5.1 Lerntypen – So ein Quatsch?!

Die Vorstellung, dass Menschen einem speziellen Wahrnehmungstypen zugeordnet werden können, ist nicht mehr en vogue. Auditive Typen (Lernen durch Hören und Sprechen), visuelle Typen (Lernen durch das Visualisieren und Beobachten) oder haptische Typen (Lernen durch Anfassen und Fühlen), wie sie in der Literatur beschrieben werden, sind ebenso wie der Nutzen der Lerntypentheorie nicht wissenschaftlich belegt.

Mittlerweile geht man vielmehr davon aus, dass jede Person mehreren Lerntypen entspricht und dass auch für unterschiedliche Lernbereiche die Sinneskanäle unterschiedlich stark eingesetzt werden. Zudem spielen Faktoren, wie Motivation, das Vorwissen oder das Einbeziehen digitaler Medien eine nicht unerhebliche Rolle.

Fakt ist, jeder Mensch nimmt über verschiedene Wahrnehmungskanäle Informationen auf und eignet sich auf unterschiedliche Art und Weise Wissen an. Wenngleich eine starre Zuordnung zu Lerntypen wenig zielführend ist, so kann eine Reflexion des eigenen Lernverhaltens hilfreich sein, um herausfinden, wie sich Inhalte am besten einprägen lassen und welche Wahrnehmungskanäle man vornehmlich nutzen und trainieren möchte. Ziel ist es, eine persönliche Lernstrategie zu entwickeln.

Reflexionsübung zum eigenen Lernverhalten

Nimm dir einen Stift und setze zur Beantwortung der Fragen ein Kreuz auf die Linie, um deine persönlichen Tendenzen zu deinem bisherigen Lernverhalten zu erkennen.

Am besten kann ich mir Inhalte merken, wenn ich dazu einen Vortrag gehört habe.

Stimmt--Stimmt nicht

Mit Zusammenfassungen, die ich selbst geschrieben habe, komme ich super klar.

Stimmt--Stimmt nicht

Gruppenarbeiten mit anderen finde ich enorm hilfreich.

Stimmt--Stimmt nicht

Präsentationen mit Bildern bleiben bei mir gut im Gedächtnis.

Stimmt--Stimmt nicht

Inhalte, die ich mit der Hand und nicht am PC geschrieben habe, bleiben bei mir besser hängen.

Stimmt--Stimmt nicht

Am liebsten arbeite ich ein Skript allein und in meinem eigenen Tempo durch.

Stimmt--Stimmt nicht

In den frühen Morgenstunden lerne ich unglaublich gut.

Stimmt--Stimmt nicht

Dinge, die ich anfassen und selbst ausprobieren kann, merke ich mir besser.

Stimmt--Stimmt nicht

Beim Lernen merke ich mir immer, mit welcher Farbe der Inhalt geschrieben wurde.

Stimmt--Stimmt nicht

Mit Karteikarten lerne ich am liebsten.

Stimmt--Stimmt nicht

Ich benötige absolute Stille beim Lernen.

Stimmt--Stimmt nicht

Bei der Auswertung geht es weniger darum, dass sich ein gesamtes Muster zu deinem Lernverhalten erkennen lässt. Es geht vielmehr darum, dass du dich mit den einzelnen Fragen zu deinem Lernverhalten auseinandersetzt und erkennst, ob du z. B. eher am Morgen oder am Abend lernen kannst. Auf dieses Wissen kannst du beim Lernen zurückgreifen und es umsetzen.

5.2 Lernplan erstellen

Einen Lernplan erstellen? Brauche ich nicht! Oder doch? Für all diejenigen, die ihre Prüfungsvorbereitung vollständig ohne Plan durchführen, bricht entweder kurz vor der Prüfung die absolute Panik aus, sie bestehend die Prüfung nicht oder sie bleiben deutlich unter ihren Möglichkeiten.

Deshalb: Erstelle dir zur Prüfungsvorbereitung unbedingt einen Lernplan! Der Plan verhilft dir dabei, strukturiert vorzugehen. Zudem weißt du immer, welche Aufgaben noch vor dir liegen und welche Aufgaben du bereits geschafft hast.

Ist der Plan erstellt, musst du dich selbstverständlich nicht sklavisch daranhalten! Du kannst jederzeit nachjustieren und Prioritäten noch mal anders setzen. Es kann mitunter auch vorkommen, dass du bestimmte Aufgaben zeitlich anders eingeschätzt hast und du mehr Zeit für sie benötigst. Zu Beginn eines Studiums ist die konkrete Einschätzung etwas schwieriger, somit solltest du sicherheitshalber mehr Pufferzeiten einplanen. Je weiter du im Studium fortgeschritten bist, desto realistischer werden deine Einschätzungen.

Vorteile eines Lernplans

- Du behältst zu jeder Zeit den Überblick.
- Du weißt, was auf dich zukommt.
- Du kannst frühzeitig nachsteuern.
- Du kannst dich schneller auf das Wesentliche konzentrieren.
- Du lernst effizienter und fokussierter.
- Du vermeidest Stress und Panik.
- Du bekommst bessere Noten.

Lernplan erstellen

Um einen realistischen Lernplan zu erstellen, musst du dir zunächst einen Überblick über den gesamten Lernstoff verschaffen. Danach gehst du systematisch alle relevanten Themenbereiche durch und schätzt ab, wie lange du für die jeweiligen Themen benötigst, um sie zu lernen. Diese Vorgehensweise verhilft dir nicht nur dabei, die Orientierung zu behalten, sondern auch, um Lernfortschritte zu erkennen. Das motiviert! Günstig ist es, wenn sich der Lernplan und somit die Zeit nach den Inhalten richtet. Ungünstiger ist es, wenn sich die Inhalte nach der Zeit (z. B. du hast nur noch 14 Tage bis zur Prüfung) richten. Bei der Erstellung des Lernplans können dir die Zeitmanagement-Methoden helfen, die in Kapitel 3.2 beschrieben werden.

Gehe bei der Erstellung deines Lernplans wie folgt vor:

1. Schritt: Termine planen
Verschaffe dir einen Überblick über alle privaten Termine in der Prüfungszeit (Wie häufig musst du deinem Nebenjob nachgehen? Sind Wochenenden bereits verplant?) und trage diese in deinen Kalender ein. Danach prüfst du, welche Unitermine du in der Zeit hast (Vorlesungen etc.) und an welchen Tagen deine Prüfungen stattfinden.

2. Schritt: Ziele festlegen
Was sind deine Ziele für die Prüfungen"? Hierfür kann dir SMART-Methode behilflich sein. Willst du „nur bestehen" oder eine bestimmte Note erreichen? Danach richten sich die Lernzeit und die Prioritäten für die einzelnen Lerninhalte.

3. Schritt: Überblick über den Lernstoff verschaffen
Verschaffe dir einen Überblick über alle Themen, die du lernen musst. Diese kannst du dir als Teilaufgaben aufschreiben. Notiere dir auch, welche Unterlagen du noch benötigst wie z. B. Altklausuren oder Literatur aus der Bibliothek.

4. Schritt: Lerninhalte nach Wichtigkeit priorisieren
Überlege dir, welche Lerninhalte wichtiger als andere sind. Welche Inhalte sind prüfungsrelevant? Gibt es Themen, die du streichen kannst?

5. Schritt: Lernzeiten abschätzen
Schätze, wie lange du für deine Lerninhalte benötigst. Wie lange benötigst du zur optimalen Vor- und Aufbereitung (gliedern, strukturieren, reduzieren, zusammenfassen usw.), zum Lernen, zum Wiederholen und für die Altklausuren und die Übungen?

6. Schritt: Plan inkl. Pufferzeiten erstellen
Lege nun konkret fest, wann du was erledigen möchtest (aufbereiten, Übungen durchführen, lernen usw.). Wenn du merkst, dass dein Plan am Ende zu wenig Zeit zum Wiederholen aufweist, musst du eher mit dem Lernen beginnen. Beispiel: Du berechnest, dass du zum Lernen ca. 20 Tage benötigst und rechnest die Zeit von dem Tag deiner Prüfung inkl. Pufferzeiten (ca. 15 % der Gesamtzeit) rückwärts.

Beispiel für einen Lernplan (Wochenplan)

Tag	To-do	(geschätzte) Zeit
Montag	Überblick über Lernstoff verschaffen und Skript gliedern und zusammenfassen	4 Stunden
Dienstag	Bücher in der Bibliothek bestellen Studie lesen und wesentliche Inhalte zusammenfassen	2,5 Stunden
Mittwoch	Zusammenfassung lernen und Fragen zu den Inhalten stellen	4 Stunden
Donnerstag	Zusammenfassung lernen und Fragen zu den Inhalten stellen	4 Stunden
Freitag	Übungsaufgaben durchführen	2 Stunden
Samstag	Frei	24 Stunden ☺
Sonntag	Wiederholen	1 Stunde

Lerninhalte strukturieren

Um einen Überblick zu deinen Lerninhalten zu erhalten, bietet sich die Methode des Mindmappings an. Eine Mindmap ist eine grafische Darstellung zu einem bestimmten Thema. Komplexe Themen können auf unterschiedlichen Ebenen visualisiert werden und gleichzeitig lassen sich Zusammenhänge erkennen. Ob du die Mindmap digital oder auf einem Blatt Papier erstellst, bleibt dir überlassen. Hier kannst du ganz easy digitale Mindmaps erstellen:

QR-Code: Mindmap digital erstellen

Vorgehensweise bei der Erstellung einer Mindmap

- 1. Schritt: Schreibe in die Mitte das zentrale Thema (z. B. den Titel der Lehrveranstaltung).
- 2. Schritt: Überlege dir, welche Unterthemen zu dem zentralen Thema passen und verbinde diese.
- 3. Schritt: Wenn sich die Unterthemen weiter unterteilen lassen, verbinde weitere Äste.
- 4. Schritt: Wiederhole diese Schritte so lange, bis du alle wesentlichen Inhalte erfasst hast, die das Thema komplettieren.

Eine fertige Mindmap kann so aussehen:

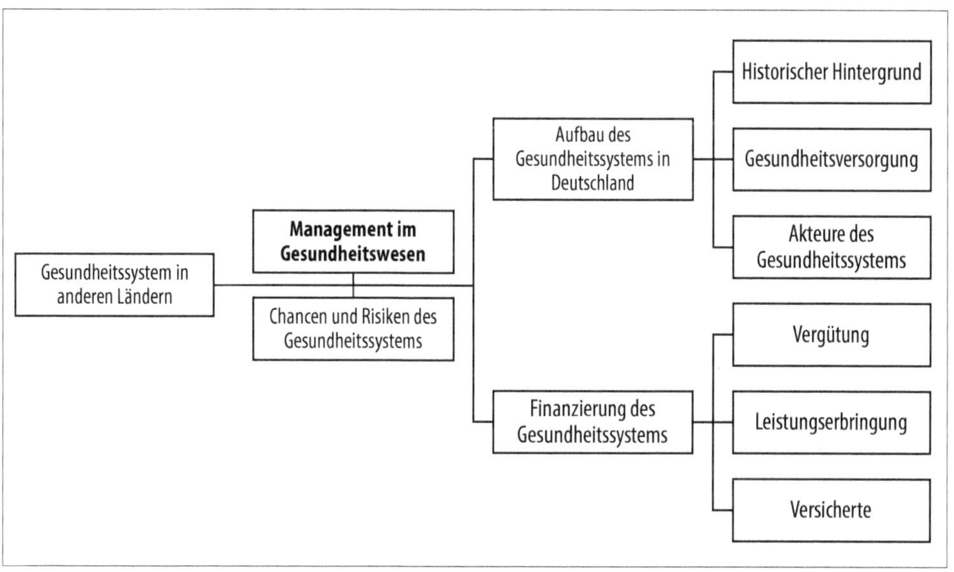

Abbildung 2: Beispiel für eine Mindmap (eigene Darstellung)

Diese Mindmap ist relativ nüchtern gehalten. Selbstverständlich kannst du auch mit Farben, Bildern, Symbolen etc. arbeiten!

Für mehrere Prüfungen gleichzeitig lernen

In der Realität muss man sich wahrscheinlich nicht nur auf eine einzige Prüfung vorbereiten. Gehen wir von folgender Situation aus: Du musst dich auf drei Prüfungen vorbereiten, die alle etwa im gleichen Zeitraum stattfinden. Weniger klug ist es, nacheinander für die einzelnen Themen zu lernen, also so:

- Woche 1: Thema X
- Woche 2: Thema Y
- Woche 3: Thema Z

Nach drei Wochen hast du Thema X weitgehend vergessen. Somit benötigst du einen Plan, der dafür sorgt, dass du möglichst wenig vergisst:

Montag	Dienstag	Mittwoch	Donnerstag	Freitag	Samstag	Sonntag
Thema X	Thema Y	Thema Y	Thema Y	Thema X	Thema X	frei
Thema Y	Thema Z	Thema Z	Thema Z	Thema Y		
Thema Z	Thema X	Thema X		Thema Z		
Thema X						

5.3 Effektive und weniger effektive Lerntechniken

Mal ehrlich! Ein Mäppchen ohne Textmarker ist wie Sommer ohne Eis, wie Strand ohne Meer, wie Pommes ohne Ketchup oder wie Cappuccino ohne Schaum. Sobald ein wissenschaftlicher Text ausgeteilt wird, werden die Marker gezückt und es wird in neongelb (oder mittlerweile auch in Pastellfarben) markiert, was das Zeug hält.

Doch wie effektiv ist das Hervorheben einzelner Textstellen überhaupt? Trägt es dazu bei, dass wir uns die Inhalte besser merken und dadurch effektiver lernen?

Dunlosky et al. (2013) haben im Rahmen einer Metaanalyse zehn Lerntechniken nach ihrer Effektivität differenziert und kamen zu dem Ergebnis, dass es Lerntechniken mit geringem, mit mittlerem und mit hohem Nutzen gibt:

Lerntechniken mit geringem Nutzen für das Lernen

Lerntechnik	**Nutzen und Anmerkung**
Zusammenfassungen schreiben Bei einer Zusammenfassung werden die wesentlichen Inhalte komprimiert zusammengeschrieben.	Kann zur Strukturierung des Lernstoffes sinnvoll sein, aus der Erinnerung schreiben ist sinnvoller als abschreiben.
Keyword mnemonic (Schlüsselbegriffe) Für den Lerninhalt werden Eselsbrücken gebaut.	Kann für einzelne Begriffe oder das Lernen von Vokabeln hilfreich sein.
Text visualisieren Beim Lesen oder Zuhören stellt man sich Bilder vor.	Bietet sich nur für Texte an, die sich gut visualisieren lassen.
Mehrmaliges Lesen Texte werden häufiger gelesen.	Wiederholtes Lesen über einen längeren Zeitraum kann hilfreich sein.
Text markieren Texte werden durch Markierungen unterstrichen und visuell hervorgehoben.	Zur Textaufbereitung und zum Strukturieren geeignet, aber wenig lerneffektiv.

Lerntechniken mit mittlerem Nutzen für das Lernen

Lerntechnik	Nutzen und Anmerkung
Erweitertes Hinterfragen mit Warum? An den Lernstoff werden immer wieder „Warum-Fragen" gestellt.	Kann einen Beitrag leisten, sich intensiver mit dem Lernstoff zu beschäftigen.
Verschachteltes Üben Statt den Lernstoff der Reihe nach zu lernen, kommt es beim verschachtelten Üben in einer Lerneinheit zu einem Wechsel der Lernmaterialien und der unterschiedlichen Aufgabenstellungen.	Für mathematische Fragestellungen zeigen sich positive Effekte.

Selbsterklärungen Hier geht es weniger um das Fachwissen, das man zur Erklärung heranzieht, sondern um Fragen, die im Zusammenhang mit der eigenen Biografie gestellt werden (z. B. Was ist neu? Wie kann das Wissen genutzt werden?).	Kann sehr zeitintensiv sein.

Lerntechniken mit hohem Nutzen für das Lernen

Lerntechnik	Nutzen und Anmerkung
Selbsttestungen/Selbstabfragen Hierzu gehören z. B. Altklausuren und bereits vorhandene Fragen, die in einer Prüfung gestellt wurden.	Vor allem sinnvoll, wenn man versucht, die Antworten aus dem Gedächtnis zu rekonstruieren.
Lernen über einen längeren Zeitraum Der Zeitraum des Lernens findet nicht nur an wenigen Tagen statt, sondern verteilt sich über einen größeren Zeitraum.	Es wird empfohlen, kleinere Lerneinheiten über einen längeren Zeitraum vorzunehmen, statt kurz vor der Prüfung alles zu lernen.

Wenngleich die Forschungsergebnisse darüber Aufschluss geben, dass wenig effektive Lerntechniken einen geringeren Nutzen für das Lernen haben, so können sie dennoch herangezogen werden, um zunächst den Lernstoff zu strukturieren (z. B. Text markieren). Letztlich muss jede Person ihre eigene Lernstrategie entwickeln.

5.4 Auswendig lernen

In einer Umfrage (n=224) auf meinem Instagram-Account gaben 89 % der Studierenden an, in ihrem Studium Inhalte auswendig lernen zu müssen. Die gute Nachricht: Es gibt Lernstrategien, die das Auswendiglernen erleichtern, wie z. B. Mnemotechniken oder das Lernen mit Karteikarten.

Mnemotechniken

Bei Mnemotechniken handelt es sich um Lernstrategien, mit denen vornehmlich deklarative Wissensbestände (Faktenwissen) erlernt werden können. Es werden drei Mnemotechniken näher vorgestellt:

- Eselsbrücken bauen
- Loci-Methode
- Gedächtnispalast

Mnemotechnik: Eselsbrücken bauen
Wie baut man Eselsbrücken?

Anfangsbuchstaben nutzen

Beispiel: Die vier fettlöslichen Vitamine E, D, K und A

= EDEKA

Merksätze und Anfangsbuchstaben

Beispiel: Reihenfolge der Gitarrensaiten E-A-D-G-H-E

Eine alte Dame geht heute einkaufen.

Reime

Beispiel: Rechtschreibung

Wer nämlich mit H schreibt, ist dämlich.

Merksätze

Beispiel: Zeitumstellung im Frühjahr (Uhr wird vorgestellt) und im Herbst (Uhr wird zurückgestellt)

Im Frühjahr kommen die Gartenmöbel VOR das Haus und im Winter wieder ZURÜCK ins Haus.

Mnemotechnik: Loci-Methode
Bei der Loci-Methode handelt es sich um eine Lerntechnik, bei der bekannte Orte aus der Realität mit den zu lernenden Inhalten verknüpft werden. Bei den bekannten Orten kannst du auf zentrale Punkte auf dem Weg von deiner Wohnung in die Uni zurückgreifen (z. B. Haustür, Straßenkreuzung, Park, Stoppschild) oder auch Gegenstände in deiner Wohnung heranziehen (z. B. Kühlschrank, Backofen, Esstisch, Stuhl).

1. Schritt: Die Reihenfolge der bekannten Gegenstände oder Wegpunkte muss festgelegt werden. Du kannst die Reihenfolge auch aufschreiben, um sie nicht zu vergessen.

2. Schritt: Gehe die Route gedanklich ab und verbinde jeden bekannten Gegenstand mit einem zu lernenden Inhalt.

3. Schritt: Wiederhole die Route.
Beispiel: Du musst die zwölf Hirnnerven lernen:
1. Nervus olfaktorius
2. Nervus opticus
3. Nervus oculomotorius

4. Nervus trochlearis
5. Nervus trigeminus
6. Nervus abducens
7. Nervus facialis
8. Nervus vestibulocochlearis
9. Nervus glossopharyngeus
10. Nervus vagus
11. Nervus accessorius
12. Nervus hypoglossus

Belege jeden Hirnnerv mit einem Gegenstand in deiner Wohnung:

1. Kaffeemaschine = Nervus olfaktorius
2. Kühlschrank = Nervus opticus
3. Wasserkocher = Nervus oculomotorius usw.

Mache dich nun auf eine gedankliche Reise durch deine Wohnung und wiederhole die Gegenstände mit den zu lernenden Begriffen.

Mnemotechnik: Gedächtnispalast

Du kannst die zwölf Hirnnerven auch mit der Technik des „Gedächtnispalastes" lernen.

Der Gedächtnispalast ist eine Mnemotechnik, die auf dem Storytelling basiert und eine Weiterentwicklung der Loci-Methode darstellt. Hier werden die zu lernenden Gegenstände durch kreative Visualisierung in einem Raum „abgelegt". Wichtig ist, dass du dir nun den Raum möglichst detailliert, mit allen Sinnen und Emotionen vorstellen kannst.

Beispiel: Du willst nicht nur die zwölf Hirnnerven lernen, sondern auch deren Funktion.

Bezeichnung	**Funktion**
Nervus olfaktorius	Geruchsnerv
Nervus opticus	Sehnerv

Stelle dir deinen Kühlschrank vor (Anordnung der Lebensmittel, Fächer, Gefrierfach, Getränke usw.).

Nun könntest du dir folgende Geschichte ausdenken:

Du möchtest einen Schluck Milch trinken und öffnest den Kühlschrank. Ein seltsamer **Geruch** kommt dir entgegen. Auf der Milchtüte steht der Hersteller **„Olfaktorius"**. Du gehst mit deinem Gesicht näher an die Milchtüte, um die **Optik** besser zu **sehen**.

Auch wenn die Geschichte nun beim 2. Hirnnerven endet, so hast du sicherlich das Prinzip des Gedächtnispalastes erkannt. Je verrückter die Geschichte, desto besser bleibt sie dir im Gedächtnis.

Lernen mit Karteikarten

Das Lernen mit Karteikarten ist eine simple und gleichzeitig effektive Möglichkeit, sein Wissen zu verfestigen. Es ist vor allem für Studiengänge relevant, in denen es auf die genaue Wiedergabe der Begriffe ankommt und somit viel auswendig gelernt werden muss. Bei der Erstellung der Karteikarten sind einige Dos & Don'ts zu berücksichtigen:

Was kann man mit Karteikarten lernen?

- Definitionen
- Formeln
- Gliederungen
- Vokabeln
- Diagramme
- Zusammenfassungen
- Faktenwissen
- Einfache Frage- und Antwortsätze
- Multiple-Choice-Formate

Wofür eignen sich Karteikarten weniger?

- Bearbeitung komplexer Fallsituationen
- Anwendungen
- Entwicklung von Kompetenzen

Wie lassen sich Karteikarten strukturieren?

Vorderseite:

- Thema
- Frage(n) aus bisherigen Klausuren (Altklausuren)
- Weitere mögliche Fragen

Rückseite:

- Thema
- Beantwortung der Frage(n)
- Lerninhalte
- Zusammenfassungen
- Literaturangaben

Dos & Don'ts bei der Erstellung von Lernkarteikarten

1. Gestalte die Karten individuell – sie müssen zu dir passen

Versuche deine Karteikarten individuell zu gestalten. Sie müssen zu dir passen. Dadurch erleichterst du dir das Lernen. Die Übernahme von Karteikarten anderer Personen bzw. vorgefertigte Karteikarten haben den Nachteil, dass sie aufgrund ihrer Standardisierung nicht zu jedem Lerntyp passen. Das kann beim Lernen ganz schön frustrierend sein.

2. Sei nicht zu perfektionistisch bei der Erstellung

Selbstverständlich sollen die Karten so gestaltet werden, dass sie Lust auf Lernen machen – gleichzeitig solltest du aber einen guten Mittelweg finden, dich bei der Erstellung nicht im Detail zu verlieren. Andernfalls reicht am Ende die Zeit nicht mehr zum Lernen.

3. Achte auf eine gute Struktur mit Farben

Achte bei der Erstellung darauf, dass du die Lernkarteikarte gut strukturierst. Akzente lassen sich setzen, indem du verschiedene Farben verwendest, unterstreichst, Skizzen einfügst usw. Dadurch werden unterschiedliche Bereiche in deinem Gehirn angesprochen und somit lässt sich das Wissen besser verknüpfen.

4. Überfrachte die Lernkarteikarten nicht und beschreibe sie nicht beidseitig mit Inhalten

Ungünstig sind eng beschriebene Karteikarten, die keinerlei Hervorhebungen haben. Ebenso wenig solltest du die Vorder- und die Rückseite mit Informationen beschreiben und diese beim Lernen lediglich mit der Hand abdecken – wir wissen alle, dass wir schummeln und die Hand etwas verschieben, um die Antwort zu lesen.

5. Setze Grafiken, Bilder, Skizzen und Diagramme ein

Auch Bilder oder (selbst gemachte) Skizzen können dir dabei helfen, den Lernstoff leichter zu verinnerlichen. Außerdem macht es mehr Spaß, als ausschließlich Texte zu lesen und zu lernen.

6. Lass immer etwas Platz auf deinen Karteikarten

Bei der Erstellung sollten die Karteikarten nie vollständig beschrieben werden. Oftmals fallen einem beim Lernen noch gute Ideen ein, die man hinzufügen möchte.

7. Vergiss die Quellenangaben nicht

Solltest du die Lerninhalte aus einem Buch abschreiben, empfehle ich dir, direkt die Quellen mit anzugeben. Solltest du im Nachhinein das Wissen noch mal überprüfen oder ergänzen wollen, kannst du dies problemlos wiederfinden.

Um eine systematische Vorgehensweise beim Lernen mit Karteikarten zu entwickeln, empfiehlt sich das Lernen mit einem Karteikasten.

Methode des Lernkarteikastens

Der Karteikasten ist in fünf Fächer aufgeteilt (in Anlehnung an Leitner, 2011):

- Alle Karteikarten kommen zunächst in das erste Fach.
- Begonnen wird mit Fach eins: Alle Karteikarten, die richtig beantwortet werden, gelangen in Fach zwei. Alle Karteikarten, die in Fach zwei richtig beantwortet werden, gelangen in Fach drei usw.
- Falsch beantwortete Fragen kommen immer wieder in das erste Fach.

Mögliche Häufigkeit und Zeitabstände des Lernens:
- Fach eins: täglich
- Fach zwei: alle zwei Tage
- Fach drei: alle vier Tage
- Fach vier: einmal pro Woche
- Fach fünf: alle zwei Wochen

Warum ist das Lernen von Karteikarten mit dem Karteikasten so effektiv?
- Zeitersparnis
- Vermeidung unnötiger Wiederholungen
- Gezieltes Lernen
- Erfolgserlebnis und Erfolgskontrolle
- Wissen gelangt ins Langzeitgedächtnis

5.5 Die persönliche Lernstrategie entwickeln

Lernen in der Gruppe

Lernen in Gruppen bringt definitiv viele Vorteile mit sich. Das Diskutieren wissenschaftlicher Texte eignet sich z. B. wunderbar in der Gruppe, setzt allerdings voraus, dass sich die einzelnen Gruppenmitglieder entsprechend (im Einzelstudium) vorbereitet haben. Andernfalls besteht die Gefahr, dass beim gemeinsamen Treffen lediglich die Zeit verquatscht wird.

3-2-1-Methode – mit dieser Methode in der Gruppe lernen

Jede Person einer Lerngruppe schreibt drei Themen auf (z. B. auf Post-its), die sie besonders gut beherrscht. Danach schreibt jede Person zwei Themen auf, die sie noch nicht so gut beherrscht. Abschließend wird von jeder Person eine mögliche Prüfungsfrage formuliert. Alle Post-its werden nun auf einen Tisch oder eine Wand gepinnt. Themen, die von einzelnen Personen gut beherrscht werden, matchen mit den Themen, die von anderen Personen noch nicht so gut beherrscht werden. Die Personen können sich nun entsprechend austauschen. Sollten alle Personen in der Lerngruppe bestimmte Themen noch nicht gut beherrschen, müssen hier weitere Arbeitsgruppen organisiert werden. Diese Methode eignet sich natürlich nur dann, wenn die Personen innerhalb der Lerngruppe bereits für die anstehende Prüfung gelernt haben.

Mit Musik lernen

Mit Musik lernen ist eine weitverbreitete Vorliebe von Studierenden. Allerdings deuten Studienergebnisse darauf hin, dass Musik die Leistung des Kurzzeitgedächtnisses beeinträchtigen kann. Gleichbleibende Klänge scheinen zwar die Leistung weniger zu beeinträchtigen, dennoch gibt es keine ausreichenden Belege, dass klassische Musik oder „konzentrationsförderliche Klänge“ tatsächlich die Produktivität beim Lernen steigern. Es spricht aber absolut nichts dagegen, sich vor der konzentrierten Arbeitsphase mit Musik in Stimmung zu bringen.

Lerntagebuch führen und Lernzeit tracken

Ein Lerntagebuch zu führen, hat viele Vorteile:

– Strukturiertes Vorgehen

Häufig sind Lerneinheiten stark von Emotionen geleitet (z. B. man ist wütend, weil man zu wenig gelernt hat). Indem du ein Lerntagebuch führst und deine Lernzeit aufschreibst, kannst du wesentlich systematischer, strukturierter und weniger emotional vorgehen.

– Kontrolle und Transparenz

Ein Lerntagebuch verschafft dir ehrliche Transparenz. Du kannst im Nachgang reflektieren, wie lange du tatsächlich für eine Prüfung gelernt hast und du kannst dich während des Lernprozesses selbst kontrollieren.

– Motivation

Das Führen eines Lerntagesbuchs kann dich motivieren, dein Lernpensum zu erhöhen. Hast du an einem Tag eine Stunde gelernt und diese in deinem Lerntagebuch getrackt, werden es vielleicht am Tag darauf schon 1,5 Stunden, die du aufführen kannst.

Extra-Tipp: Verknüpfe dein Lerntagebuch mit der Pomodoro-Technik (siehe Kapitel 3.2: Zeitmanagement-Methoden)

- 25 Min. lernen – fünf Min. Pause
- Nach jeder Lerneinheit machst du einen Strich und am Ende des Tages klopfst du dir für die Anzahl deiner Striche auf die Schulter!

Am Morgen oder am Abend lernen

Prüfe zunächst, zu welcher Fraktion du gehörst: Lerche oder Nachtigall. Gehörst du zu den Lerchen, also den Morgenmenschen, so steigt deine Leistungsfähigkeit bis etwa 10:00 Uhr am Morgen an. Gegen Mittag oder ab dem frühen Nachmittag beginnt ein Tief und in den Abendstunden (ca. 20:00 Uhr) kommt es noch mal zu einem zweiten Hoch. Bei der Nachtigall beginnt das erste Hoch zeitversetzt etwa gegen 14:00 Uhr, um ca. 19:00 Uhr befinden sich die Personen in einem Tief und erleben ihr zweites Hoch noch mal gegen Mitternacht.

So findest du heraus, ob du eher Lerche oder Nachtigall bist, um deinen Lernrhythmus anzupassen:

- Kommst du morgens gut aus dem Bett?
- Um welche Uhrzeit würdest du am liebsten aufstehen?
- Wann ist deine Konzentration am besten?
- Wann ist dein absolutes Tief?
- Wann würdest du am liebsten ins Bett gehen?

Pausen

Wenn man mehrere Stunden lernt, sinkt mit der Zeit die Aufmerksamkeit. Nach 90 Min. Lernzeit sollte man deshalb 10–15 Min. Pause machen und nach etwa vier Stunden Lernzeit sogar eine größere Pause von etwa einer Stunde. Förderlich ist es, sich in der Pause zu bewegen (z. B. spazieren gehen). Dadurch lassen sich Rückenschmerzen und Haltungsschäden vom langen Sitzen vermeiden. Zudem führt das Bewegen zum Stressabbau und das Gelernte verankert sich besser im Gehirn.

Extra-Tipp, um die persönliche Lernstrategie zu entwickeln:

Ob du mit Karteikarten lernst, allein, in der Gruppe, mit Musik oder ohne – wichtig ist, dass du deine persönliche Lernstrategie entwickelst. Reflektiere deshalb deine Lernmethoden immer auf ihre Wirksamkeit und finde deine Präferenzen.

5.6 Lern-Hack: Apps zum Lernen

Mit Lern-Apps lassen sich Lerninhalte digital erarbeiten, man kann damit üben, wiederholen und sein Wissen vertiefen. Im Folgenden findest du ausgewählte Apps, die den Lernalltag im Studium vereinfachen:

App	Was kann die App?
Buffl	– Schnell einfache oder komplexe Karteikarten erstellen – Kurse mit anderen Personen erstellen oder teilen – Lernfortschritte mit dem Leitnersystem (Karteikartensystem) beobachten
Studysmarter	– Inhalte mit anderen Personen teilen – Lernsets zu verschiedenen Studiengängen nutzen – Auf Zusammenfassungen von anderen Personen zugreifen – Lernpläne erstellen
Repeticio	– Karteikarten erstellen – Karteikarten innerhalb der Lerngruppe nutzen – Lernpläne zur Prüfungsvorbereitung erstellen – Bestehende Lernkarteien erwerben
Quizlet	– Vokabeln lernen – Lernzeitplan erstellen – Vorgefertigte Lernsets nutzen
BrainYoo	– Lernkarteikarten erstellen – Bestehende Lernkarteien erwerben – Prüfungsvorbereitung durchführen – Vokabeln lernen

6. Prüfungsalarm! Wie du die Prüfungsphasen erfolgreich und stressfrei schaffst

Das erwartet dich in diesem Kapitel:

6.1 Formale Spielregeln beachten	6.2 Allgemeine und Last-Minute-Prüfungstipps	6.3 Der Tag vor der Prüfung, Prüfungs-Checkliste
6.4 Die mündliche Prüfung	6.5 Online-Prüfungen und Open-Book-Klausuren	6.6 Prüfungsangst und Prüfungsstress vermeiden

6.1 Formale Spielregeln beachten – Prüfungsordnung lesen

Hand aufs Herz. Kennst du die Prüfungsordnung deines Studiengangs? Wenn ja – herzlichen Glückwunsch! Wenn nein, solltest du diese unbedingt lesen. Viele Studierende verlassen sich im Kontext der Prüfungen auf das Halbwissen der Mitstudierenden. Wenn es aber konkret darum geht, wie man sich exakt verhält, wenn man beispielsweise am Prüfungstag krank wird, haben die meisten nur eine vage Vorstellung. Das kann unter Umständen fatale Folgen haben. Grundsätzlich regelt eine Prüfungsordnung alle Anforderungen und Prozesse, die bei Prüfungen in einem bestimmten Studiengang berücksichtigt werden müssen. In der Regel werden die Prüfungsordnungen von den jeweiligen Fakultäten selbst erstellt.

Die wichtigsten Inhalte der Prüfungsordnung:

Prüfungsfristen

Bei den Prüfungsfristen, die in der Prüfungsordnung festgelegt sind, handelt es sich um Zeitpunkte, bis wann im Studienverlauf bestimmte Prüfungen abgeleistet werden müssen. Zudem werden Möglichkeiten aufgeführt, wann es zu Fristverlängerungen kommen kann. Das ist zum Beispiel der Fall, wenn sich Studentinnen im Mutterschutz befinden. Die Gründe für eine Verlängerung der Frist müssen dem Prüfungsamt dargelegt werden.

Krankheit am Tag der Prüfung

Erkundige dich bereits vor der Prüfung, was zu tun ist, wenn du am Prüfungstag krank wirst. In der Regel musst du dich vor Beginn der Prüfung beim Prüfungsamt melden und unverzüglich eine ärztliche Krankmeldung vorlegen. Meist wird eine Prüfungsuntauglichkeitsbescheinigung benötigt. Hier musst du gut aufpassen, dass dir kein Fehler unterläuft! Ich würde dir neben einer telefonischen Krankmeldung auch immer empfehlen, dich zusätzlich schriftlich per Mail krankzumelden. So hast du im Nachgang immer einen Nachweis. Zudem solltest du ärztliche Bescheinigungen vor der Abgabe im Prüfungsamt immer einscannen oder abfotografieren. Es kann passieren, dass auf dem Postweg etwas verloren geht.

Prüfungsausschuss

Der Prüfungsausschuss bestimmt darüber, wer die Prüfungen abnimmt. Es handelt sich normalerweise um Angehörige deiner Hochschule. Selbstverständlich können die Prüfenden nicht willkürlich gewählt werden. Es muss sich dabei an die Vorgaben der Prüfungsordnung gehalten werden.

Bekanntgabe der Prüfungstermine und der Prüfenden

Das Prüfungsamt muss dir rechtzeitig mitteilen, wann deine Prüfungstermine sind und wer die Personen sind, die dich prüfen werden. Dadurch kannst du dich gut vorbereiten. Meistens werden die Prüfungstermine bereits zu Beginn des Semesters mitgeteilt.

Anmeldung zur Prüfung

Die Anmeldeverfahren sind je nach Hochschule unterschiedlich. Sie variieren zwischen Online- und Offlineanmeldung. Du solltest weder die Anmeldung noch die Anmeldefrist verpassen! Auch solltest du bei der Anmeldung konzentriert prüfen, ob du dich für die richtige Prüfung angemeldet hast. Notiere dir am besten gleich bei der Semesterplanung die Anmeldezeiträume für deine Prüfungen!

Form der Prüfung

In der Prüfungsordnung ist vermerkt, welche Prüfungsformen es in deinem Studiengang gibt. Üblicherweise werden schriftliche Klausuren, mündliche Prüfungen, Seminarleistungen wie z. B. Präsentationen, Referate oder Hausarbeiten sowie praktische Prüfungen aufgeführt. Ferner gibt es Hinweise zum Umfang und zur Dauer der unterschiedlichen Prüfungsformen.

Bewertung der Prüfungsleistung

Hier findest du Hinweise, ob Prüfungen benotet werden oder ob lediglich zwischen „bestanden“ oder „nicht bestanden“ differenziert wird. Außerdem werden die Notenstufen differenziert dargestellt und die Bedingungen aufgelistet, wann du die Prüfung bestanden hast.

Wiederholung von Prüfungen

Bei der Wiederholung von Prüfungen wird aufgeführt, wie oft du eine Prüfung wiederholen kannst und bis zu welchem Termin die Wiederholungsprüfung abgeleistet werden muss. Teilweise ist es möglich, sich nicht bestandene Prüfungsteile durch alternative Module anrechnen zu lassen.

Nachteilsausgleich

Im Prüfungsverfahren ist die Art und die Schwere einer möglichen Behinderung zu berücksichtigen. Wenn du ein entsprechendes ärztliches Attest vorlegen kannst, weil du beispielsweise eine Lese-Rechtschreib-Schwäche hast, so ist es mitunter möglich, den Nachteil durch eine Verlängerung der Arbeitszeit auszugleichen.

Einsicht in die Prüfung

Nach Ablauf des Prüfungsverfahrens kannst du auf Antrag Einsicht in deine Prüfung erhalten. Wenngleich nur ein geringer Teil der Studierenden nach einer missglückten Prüfung davon Gebrauch macht, ist die Einsichtnahme ein äußerst sinnvolles Instrument, um herauszufinden, was die Gründe für das Nichtbestehen waren. Die Einsicht kann selbstverständlich auch dann vorgenommen werden, wenn du die Prüfung bestanden hast. Es ist sinnvoll, zu verstehen, wo man noch Punkte hätte bekommen können.

6.2 Allgemeine und Last-Minute-Prüfungstipps

Allgemeine Prüfungstipps

Die allgemeinen Prüfungstipps gelten für jede Prüfungsart. Solltest du gut in der Zeit liegen, um dich auf deine Prüfung vorzubereiten, sind sie für die Vorbereitung ideal. Bist du schon deutlich im Zeitverzug, sind die Last-Minute-Prüfungstipps auf der kommenden Seite perfekt für dich geeignet.

1. Konzentrationsförderliches Umfeld schaffen
   - Räume deinen Schreibtisch auf.
   - Entferne alle Ablenkungsquellen.
   - Sorge für eine gute Ausstattung (z. B. gute Beleuchtung, Stifte, funktionierende Technik).
   - Besorge dir motivierende Elemente (z. B. gute Teesorte, motivierender Spruch, bunte Textmarker).

2. Überblick über den Lernstoff verschaffen
   - Sichte alle Mitschriften, Skripte und Unterlagen.
   - Besorge dir fehlende Literatur.
   - Gleiche mit Mitstudierenden den Stoff ab.
   - Befrage Personen nach Tipps, die bereits die Prüfung geschrieben haben.
   - Erarbeite dir Zusammenfassungen.
   - Erstelle dir Mindmaps, Grafiken oder Audiodateien auf dem Smartphone.

3. Zeitmanagement – Lernplan erstellen
   - Lege dir realistische Ziele fest (z. B. „nur“ bestehen oder eine bestimmte Note – danach richtet sich der Lernplan).
   - Gliedere, strukturiere, reduzieren und priorisieren den Lernstoff.
   - Teile dir den Lernstoff auf und schätze ab, wie lange du zum Lernen brauchst.
   - Erstelle dir einen Lernplan und plane Pufferzeiten ein.

4. Lerntage strukturieren
   - Beginne jeden Tag mit Wiederholungen des letzten Tages.
   - Nutze deinen Biorhythmus (Wann kannst du am besten lernen? Am Vormittag? Am Abend?).
   - Schaffe dir Routinen (z. B. jeden Tag um 08:00 Uhr beginnen, 2 x 90 Min. am Vormittag lernen und 2 x 90 Min. am Nachmittag lernen).
   - Lerne maximal 90 Min. und mache dann eine Pause.
   - Überprüfe regelmäßig deinen Lernplan und passe in entsprechend an.

5. Mit Lerngruppe verabreden
   - Lerngruppen können dabei helfen, disziplinierter zu sein.
   - Gehe nicht unvorbereitet in das Treffen mit anderen.
   - Reflektiere nach dem Treffen, ob die Lerngruppe für dich passt.
   - Wenn du selbst anderen Personen etwas erklärst, bleibt es bei dir besser im Gedächtnis hängen.
   - Hast du selbst etwas noch nicht verstanden, kann es dir bestimmt eine andere Person erklären.

6. Positives Mindset behalten
   - Sage dir immer, dass du das schaffen kannst!
   - Mache dir an Tagen, an denen es nicht rund läuft, bewusst, was du schon alles geschafft hast.
   - Wenn es mal gar nicht läuft – so what – lege einen Tag Pause ein und versuche ihn ohne schlechtes Gewissen zu genießen – am nächsten Tag läuft es bestimmt besser.
   - Belohne dich regelmäßig!

Last-Minute-Prüfungstipps

1. Keep cool – behalte einen klaren Kopf!

Jetzt bloß nicht durchdrehen! Es ergibt überhaupt keinen Sinn, sich zu ärgern, dass man so spät begonnen hat. Bündel deine Energie und stay positive! Du schaffst das!

2. Konzentrationsförderliches Umfeld schaffen – die Turbovariante

Der Schreibtisch lässt sich auch in wenigen Minuten abräumen. Jetzt ist nicht die Zeit dafür, sämtliche Unterlagen zu sortieren. Das kannst du nach den Prüfungen erledigen. Räume alles in eine Kiste, was nichts mit deiner Prüfung zu tun hat. Alternative: Du lernst in der Unibibliothek.

3. Überblick über den Lernstoff verschaffen

Lerne bloß nicht einfach drauflos! Blinder Aktionismus ist nur hinderlich. Sortiere deine Unterlagen, überlege dir, welche Bücher und welche Kapitel im Skript gelesen werden müssen. Eine Mindmap kann dir dabei helfen, den Überblick zu erlangen.

4. Ordnen – strukturieren – priorisieren

Nun musst du den Lernstoff gliedern und strukturieren. Priorisiere! Welche Lerninhalte sind wichtiger als andere? Welche Übungsaufgaben musst du unbedingt machen? Unwichtigere Themen und Randgebiete kannst du ggf. komplett vernachlässigen. Mut zur Lücke! Kontaktiere Personen, die bereits die Prüfung geschrieben haben. Sie können dir hilfreiche Informationen zu Schwerpunkten oder Fragestellungen geben. Überlege auch, welche Hinweise die Dozierenden zur Prüfung gegeben haben.

5. Zeitmanagement – Lernplan erstellen

Wie viele Tage hast du noch bis zur Prüfung Zeit? Erstelle dir einen realistischen Lernplan. Zwölf Stunden am Tag lernen ist zu viel, aber eine Stunde ist definitiv zu wenig! In den nächsten Tagen gilt: Die Prüfung hat oberste Priorität! Fenster putzen und Kleiderschrank ausmisten können warten. Auch wenn es schwerfällt, ggf. müssen soziale Kontakte auf die Zeit nach der Prüfung verschoben werden.

6. Lernen – Pause – Lernen – Pause

Und jetzt heißt es: lernen, wiederholen, üben. Beginne mit einem Thema, das dir leichtfällt. Das motiviert dabei, sich an schwerere Aufgaben zu wagen. Selbst wenn die Motivation fehlt: Da musst du jetzt durch. Versuche die Lernphasen absolut konzentriert durchzuhalten (kein Smartphone). In den Pausen kannst du dich dann mit einer Tasse Kaffee, der Handynutzung oder einem Spaziergang belohnen.

So sehen ideale Lernintervalle aus:

- 45–60 Min. lernen und fünf Min. Pause oder
- 90 Min. lernen und 10–15 Min. Pause

6.3 Der Tag vor der Prüfung und die Prüfungscheckliste

24 Stunden vor der Prüfung

- Wiederhole das bereits Gelernte noch mal – das schafft Sicherheit.
- Welche Fragen könnten in der Prüfung gestellt werden?
- Lass dich nicht von Mitstudierenden verunsichern.
- Pauke nicht sinn- und kopflos irgendetwas.
- Konzentriere dich auf das, was du bereits kannst.
- Checke noch mal die Uhrzeit, das Gebäude, die Raumnummer bzw. die Zugangsdaten für die (Online-)Prüfung.

Der Abend vor der Prüfung

- Nimm dir für den Abend etwas Schönes vor, wobei du gut abschalten kannst (z. B. Badewanne, Musik hören, Film schauen).
- Vermeide Alkohol in größeren Mengen. Ein kleines Gläschen Rotwein kann unter Umständen das Richtige sein.
- Greife auf keinen Fall zu Beruhigungsmittel, die du zuvor noch nie eingenommen hast – schlimmstenfalls bist du dann zur Prüfung müde.
- Gehe rechtzeitig ins Bett und mache zuvor ein paar Entspannungsübungen.
- Lege dir für den nächsten Tag alles zurecht, was du benötigst (nutze hier auch die Checkliste auf der nächsten Seite).

Der Prüfungstag

- Stehe rechtzeitig auf und dusche (Wechselduschen macht wach und bringt den Kreislauf in Schwung).
- Frühstücke eine Kleinigkeit. Wenn du nichts runterbringst, nimm dir zumindest eine Banane, ein paar Nüsse oder einen Riegel mit.
- Plane bei der Anreise mit dem Auto oder den öffentlichen Verkehrsmitteln unbedingt Pufferzeiten ein.
- Checke, ob du alle relevanten Dokumente eingepackt hast (Studierendenausweis, Personalausweis etc.).
- Prüfe, ob du alle erlaubten Hilfsmittel eingesteckt hast (Taschenrechner, Formelsammlung etc.).
- Packe dir den Lernstoff ein, den du kurz vor der Prüfung durchlesen möchtest (insofern es dir hilft).

Die letzten Minuten vor der Prüfung

- Suche rechtzeitig noch mal die Toilette auf.
- Mache ein paar Atemübungen (z. B. mehrmals tief in den Bauch einatmen und langsam und vollständig ausatmen).
- Nimm dir Kopfhörer mit, insofern du kurz vor der Prüfung für dich sein möchtest.

- Betrete mit aufrechter und gerader Haltung (Brust raus) den Prüfungsraum und sage dir „Ich habe schon so viel geschafft, das schaffe ich auch!"
- Lege dir alle erlaubten Hilfsmittel auf den Tisch, die du für die Prüfung benötigst.
- Achte darauf, dass der Raum gut gelüftet ist.
- Prüfe, ob sich dein Smartphone im Flugmodus befindet oder auf lautlos gestellt ist.
- Hier kannst du dir eine Checkliste für deine Prüfung ausdrucken oder digital verwenden, um am Prüfungstag nichts zu vergessen.

Checkliste: Prüfung

DOI: 10.36198/9783825261269-m10

6.4 Die mündliche Prüfung

Auch für die mündliche Prüfung gelten selbstverständlich die generellen und die Last-Minute-Tipps. Darüber hinaus gibt es für die mündliche Prüfung weitere Aspekte, die hilfreich sein können.

Vorbereitung auf die mündliche Prüfung

1. Versetze dich in die prüfende Person und was sie fragen könnte:
   - Was waren Schwerpunkte in den Vorlesungen?
   - Was ist das Steckenpferd des Prüfers bzw. der Prüferin?
   - Welche Hinweise zur Prüfung wurden in den Vorlesungen gegeben?
   - Was ist das Forschungsinteresse des Prüfenden?
   - Worüber hat die prüfende Person publiziert?
   - Tausche dich mit anderen Personen aus, die den Prüfer bzw. die Prüferin schon einmal in einer Prüfungssituation erlebt haben.

2. Stelle dir die Prüfungssituation vor:
   - Wo findet die Prüfung statt?
   - Wer sind die Prüfenden?
   - Wie viel Zeit hast du für die Prüfung?
   - Stehst du während der Prüfung oder sitzt du?
   - Welche Hilfsmittel und technischen Möglichkeiten hast du?
   - Kannst du einen Teil der Prüfung vorbereiten? (z. B. Eingangsvortrag oder Vorstellung von Thesen?)

3. Simuliere die Prüfungssituation:
   - Übung macht den Meister! Je öfter du den Vortrag vorbereiten kannst, desto besser.
   - Achte darauf, die vorgegebene Zeit nicht zu überschreiten.
   - Nimm dich selbst per Video auf (Kontrolle der Sprechdauer und der Körpersprache).
   - Simuliere die Prüfung mit anderen Personen oder trage den Vortrag vor anderen Personen vor.
   - Checke die Technik im Prüfungsraum (wenn möglich) und prüfe deine eigene Technik (z. B. Presenter)
   - Stelle dir den schlimmsten Fall vor: Stromausfall – habe dafür einen Plan B!

Kurz vor und während der mündlichen Prüfung

- Komme ausgeschlafen und pünktlich zur Prüfung.
- Der erste Eindruck zählt: Achte auf ein angemessenes Outfit (ein bis zwei Stufen schicker als gewöhnlich), deine Körperhaltung und deine Körpersprache.
- Begrüße die Prüfenden und achte auf höfliche Umgangsformen.
- Nimm dir Stift und Zettel mit, um dir bei komplexen Fragestellungen Notizen machen zu können.

Notfallplan in der mündlichen Prüfung

Was kannst du tun, wenn du die Antwort nicht weißt?

- Versuche zunächst etwas Zeit zu gewinnen, indem du die Frage wiederholst.
- Es ist absolut legitim mitzuteilen, dass man auf dem Schlauch steht.
- Bitte die Prüfenden, die Frage umzuformulieren.

Was kannst du tun, wenn dir die Antwort immer noch nicht einfällt?

- Bitte die Prüfenden, dir eine Hilfestellung zu geben.

Was kannst du tun, wenn dir trotz der Hilfestellungen nichts einfällt?

- Bitte die Prüfenden, dir eine neue Frage zu geben.

Was kannst du tun, wenn du ein Blackout hast?

Angeblich soll es helfen, mit den Zehen zu wackeln: Dadurch werden Verspannungen im Körper gelöst und dein Gehirn kann wieder besser funktionieren.

Versuche, dein Gehirn neu zu starten. Gebe der prüfenden Person einen kurzen Hinweis, dass du ein Blackout hast. Mache eine kurze Atemübung, stehe kurz auf, schaue aus dem Fenster, um an etwas vollkommen anderes zu denken. Nach etwa 1–2 Min. kann dein Gehirn das Gelernte mit großer Wahrscheinlichkeit wieder abrufen.

Grundsätzlich gilt:
- Habe Respekt vor mündlichen Prüfungen, aber keine Angst.
- Die Prüfenden erkennen, wer sich vorbereitet und gelernt hat und werden das honorieren.
- Auch wenn dir nicht die korrekte Antwort zu der Frage einfällt, versuche erst mal loszureden.

6.5 Online-Prüfungen und Open-Book-Klausuren

Die Online-Prüfung

Bei der Online-Klausur handelt es sich um ein Format, bei dem du die Prüfung ortsunabhängig (in der Regel von zu Hause aus) absolvieren kannst. Im Rahmen eines Fernstudiums ist das eine gängige Vorgehensweise. Ein riesiger Vorteil dabei ist, dass du selbst den Prüfungstermin festlegen kannst.

Wie läuft eine Online-Klausur ab?

Zu Beginn der Prüfung muss man sich bei einer Person der Hochschule identifizieren, die die Prüfung überwacht. Das erfolgt z. B. über den Personalausweis, den man in die Kamera hält. Anschließend muss man seine Kamera durch den Raum schwenken, um nachzuweisen, dass sich nirgends Spickzettel befinden. Während der Prüfung ist die Kamera permanent auf einen gerichtet und man wird beim Schreiben überwacht.

Einige Hochschulen nutzen eine entsprechende Software, die das Mikrofon, die Webcam und den Bildschirm überwacht. Konkret wird Folgendes geprüft:
- Deine ID – um sicherzustellen, dass keine fremde Person die Klausur für dich schreibt.
- Die Anzahl der Personen im Raum – um sicherzustellen, dass dir niemand helfen kann.
- Die Geräuschkulisse – um sicherzustellen, dass niemand im Nebenraum einflüstert oder du dir Lerninhalte aufgenommen hast.
- Die geöffneten Tabs in deinem Browser – um sicherzustellen, dass du die Lösungen nicht recherchieren kannst.

Was benötige ich für die Online-Prüfung?

Für die Durchführung der Online-Prüfungen benötigst du einen PC, eine Webcam und ein Mikrofon. Die meisten Laptops verfügen standardmäßig über diese Ausstattung.

Was mache ich, wenn die Technik oder das Internet ausfällt?

Die Abhängigkeit von der Technik und einer stabilen Internetverbindung kann mitunter sehr herausfordernd sein. Sollte plötzlich die Internetverbindung abbrechen, mache einen Screenshot von deinem Bildschirm und dokumentiere genau, zu welcher Zeit deine Prüfung unterbrochen wurde. Versuche schnellstmöglich Kontakt mit der prüfenden Person aufzunehmen. Erkundige dich vor der Prüfung, was du bei Ausfall der Technik oder bei einem Internetabbruch machen sollst. Auf jeden Fall solltest du vor der Prüfung deine komplette Technik überprüfen. Achte während der Prüfung darauf, dass dein Laptop an der Stromversorgung angeschlossen ist. Eine LAN-Verbindung ist für den Zeitraum der Online-Prüfung sicherer als eine WLAN-Verbindung.

Ist es nicht einfach, während der Online-Prüfung zu spicken?

Wenngleich es bei dieser Prüfungsform möglicherweise leichter erscheint zu spicken, so werden Vorkehrungen getroffen (z. B. permanente Beobachtung), um genau das zu verhindern. Auch in der Online-Prüfung gilt: Spicken verboten. Es drohen die gleichen Konsequenzen wie bei einer Prüfung in Präsenz.

Die Open-Book-Klausur

Eine Open-Book-Klausur ist eine besondere Form der Online-Prüfung und wird teilweise auch bei Prüfungen in Präsenz durchgeführt. Bei dieser Art der Prüfung ist es erlaubt, bestimmte oder alle Hilfsmittel zu nutzen, die dir zur Verfügung stehen. Zudem wirst du während der Prüfung nicht zwingend beaufsichtigt. Bei der Open-Book-Klausur werden jedoch keine Fragen gestellt, bei denen du lediglich etwas abschreiben musst. Es handelt sich vielmehr um ein Prüfungsformat, bei dem Transferwissen abgeprüft wird. Achte bei der Vorbereitung auf die Prüfung auf eine gute Struktur, indem du z. B. Post-its in spezielle Buchkapitel klebst, um keine wertvolle Prüfungszeit mit Suchen zu verschwenden.

6.6 Prüfungsangst und Prüfungsstress vermeiden

Die Aufregung vor der Prüfung

Ein flaues Gefühl im Magen oder Aufregung verspüren sicherlich alle, die vor einer Prüfung stehen. Bisweilen werden auch Mechanismen angeregt, die sich positiv auf die Leistung auswirken:

- Angst kann z.T. motivieren
- Ehrgeiz wird geweckt
- Kampfeswille wird herausgefordert
- Kraftreserven werden mobilisiert
- Aufmerksamkeit steigt
- Qualität und Geschwindigkeit des Lernens steigen
- Ausdauer erhöht sich

Im Gegensatz dazu kann sich die Prüfungsangst auch negativ und leistungsvermindernd auswirken:

- Gefühle von Hilflosigkeit
- Angst vor möglichem Misserfolg

- Aufmerksamkeits- und Konzentrationsschwächen
- Schnelles Aufgeben, sobald Aufgaben schwieriger werden

Wie lässt sich die Aufregung in den Griff bekommen?

Prüfungsängste können sich auf unterschiedlichen Ebenen zeigen: von reinen Gedanken bis hin zu körperlichen Symptomen. Im Folgenden werden die Symptome beschrieben und, was du dagegen tun kannst:

Gedankliche Symptome	**Was kann man tun?**
Unsicheres Gefühl	– Starke Körperhaltung einnehmen – Etwas unternehmen, ablenken – Mit jemandem darüber sprechen
Sich Sorgen um den Ausgang der Prüfung machen	– Sich vorstellen, wie es ist, wenn man die Prüfung geschafft hat
Misserfolg als persönliches Versagen deuten	– Misserfolge können passieren – müssen aber nicht – selbsterfüllende Prophezeiung
An den eigenen Fähigkeiten zweifeln „alle anderen sind besser als ich"	– Gedanken umdeuten – „ich bin genauso gut wie andere, vielleicht sogar besser"
Angst davor, soziale Anerkennung bei Freunden oder in der Familie zu verlieren	– Freunde, Familie werden weiterhin zu einem stehen

Physiologische Symptome	**Was kann man tun?**
Atmung wird schneller und flacher	– Atemübungen, dabei vor allem auf eine verzögerte und vollständige Ausatmung achten
Herz-Kreislauf-System wird aktiver, Blutdruck und Puls steigen	– Entspannungsübungen
Schweißdrüsen arbeiten vermehrt	– Hände kalt waschen, gutes Deo, Taschentücher
Harndrang steigt	– Trotzdem viel trinken – wichtig für klares Denken
Appetitlosigkeit oder Übelkeit nehmen zu	– Trotzdem versuchen, gesund zu essen (z. B. die Lieblingsmahlzeit zubereiten) – Überlegen, was einem bei Übelkeit hilft – Immer Getränke dabei haben

Motorische Symptome	Was kann man tun?
Zitternde Hände, Unruhe	– Entspannungsübungen – Bewegen – Vor der Prüfung Treppen steigen
Verspannungen in der Nacken, Bauch- und Rückenmuskulatur	– Entspannungstechniken (progressive Muskelentspannung)
Zitternde Stimme	– Stimmlage verändern: mit tiefer Stimme sprechen, langsam und laut, aufrechte Körperhaltung
Weit geöffnete Augen, Stirnfalte, angespannte Gesichtsmuskulatur	– Entspannungsübungen für das Gesicht (Ruhe-Gesicht versus Grimassen schneiden)

Sollte sich deine Angst allerdings überhaupt nicht in den Griff bekommen lassen, rate ich dir, ein professionelles Coaching gegen Prüfungsangst in Anspruch zu nehmen. Erkundige dich bei deiner Hochschule oder deiner Krankenkasse, ob es ein entsprechendes Angebot gibt.

Entspannungsübungen

Diese kurzen Übungen verhelfen dir dabei, dass du dich spürbar entspannst. Die aufgestaute Angst kann dadurch reduziert werden.

Bewusst tief durchatmen

Nimm dir bewusst Zeit, um durchzuatmen. Schließe die Augen für etwa 30 Sek. und atme tief ein und vollständig aus.

Augen entspannen

- Augenpartie für 30 Sek. mit den Fingerkuppen abklopfen
- Hände anwärmen, Augen schließen, die angewärmten Hände auf die geschlossenen Augen legen und sich dabei die Farbe Schwarz vorstellen
- Blick für ca. 30 Sek. in die Ferne richten

Progressive Muskelentspannung

Bei der progressiven Muskelentspannung werden nacheinander bestimmte Muskelpartien bewusst angespannt und danach wieder entspannt. Ziel ist es, locker zu lassen und zu relaxen. Diese Übung kann man im Sitzen oder im Liegen durchführen.

Selbstverständlich können auch weitere sportliche Aktivitäten wie z. B. Joggen, Yoga oder Meditationsübungen einen großen Beitrag leisten, um Stress zu verringern.

Brainfood

Um während der Prüfungszeit einen klaren Kopf zu bewahren, benötigst du besonders viel Energie. Achte vor allem in der stressigen Prüfungsphase auf eine ausgewogene Ernährung und auf ausreichend Flüssigkeit. Zusätzlich bringen diese Snacks dein Gehirn auf Hochtouren:

- **Nüsse:** Die Gehirnleistung und die Konzentrationsfähigkeit werden gesteigert.
- **Bananen:** Glückshormone werden freigesetzt und die Gehirnleistung wird gesteigert.
- **Trockenfrüchte:** Die Gehirnleistung, die Konzentrationsfähigkeit und das logische Denken werden gefördert.
- **Avocados:** Die Durchblutung im Gehirn kann gesteigert werden.

7. Nie mehr langweilige Vorträge! Wie du Präsentationen und Referate spannend gestaltest

Das erwartet dich in diesem Kapitel:

7.1 Die richtige Vorbereitung	7.2 Präsentations-techniken beherrschen	7.3 Storytelling, frei Sprechen, Redeangst überwinden
7.4 Die Präsentation	7.5 Redemanuskript und Handout	7.6 Anfängerfehler vermeiden

Wer kennt sie nicht, diese furchtbar langweiligen Referate, bei denen man am liebsten schon bei der ersten Präsentationsfolie einschlafen möchte. Im Kritisieren sind wir alle Weltmeister. Aber wie schafft man es nun, die wesentlichen Inhalte zu vermitteln und gleichzeitig einen fesselnden Vortrag zu halten und das Publikum für sich zu gewinnen?

7.1 Die richtige Vorbereitung

Thema finden

Mindestens genauso wichtig wie der Vortrag selbst sind die Wahl des passenden Themas und die Themenvorbereitung. Doch wie findet sich das perfekte Thema? Hier gibt es unterschiedliche Vorgehensweisen:

1. Thema wird vorgegeben

   ⊕ Vorteile
   - Du vergeudest keine Zeit bei der Themenfindung.
   - Du zweifelst nicht dran, ob nicht ein anderes Thema besser gewesen wäre.
   - Du wechselst das Thema nicht mehrfach.

⊖ Nachteile
- Du kannst dich weniger mit dem Thema identifizieren.
- Du benötigst lange, um dich in das Thema einzuarbeiten.
- Du kannst dich nur schwer motivieren.

2. Persönliches Interesse

⊕ Vorteile
- Du bist motiviert, das Thema anzugehen.
- Du hast schon Vorwissen zu dem Thema.
- Dir bereitet die Vorbereitung Freude.

⊖ Nachteile
- Du bist zu subjektiv bei der Darstellung.
- Du verzettelst dich bei der Recherche.

3. Aktuelles Ereignis

⊕ Vorteile
- Du kannst gut in den aktuellen Medien recherchieren.
- Du kannst das Publikum leicht einbeziehen.

⊖ Nachteile
- Du findest dazu möglicherweise noch keine Studienergebnisse.
- Du findest nur wenig oder keine fundierte Literatur.

Literatursuche

Im Gegensatz zur Schule ist das Referat an der Hochschule häufig der Hauptbestandteil einer Seminareinheit und stellt die Grundlage für eine weiterführende Diskussion dar. Die Studierenden in deinem Semester sind einerseits darauf angewiesen, dass du eine gewisse Expertise über den Inhalt deines Themas mitbringst und gleichzeitig besitzen sie aller Wahrscheinlichkeit nach schon selbst Vorkenntnisse. Eine gründliche Vorbereitung ist somit das A und O!

Zu Beginn eines Referates musst du einen Problemaufriss vornehmen, der mit einer sorgfältigen Literaturrecherche einhergeht.

Beispiel: Du willst das Thema „Social-Media-Marketing" als Referatsthema bearbeiten. Nun kannst du dir sicherlich vorstellen, dass dieses Thema viel zu groß für ein Referat ist. Deshalb musst du ein konkretes Problem definieren, wie z. B. „Welche Social-Media-Plattform eignet sich für die Akquise von Auszubildenden des Pflegeberufes am besten?"

Um diese präzise Abgrenzung vorzunehmen, kannst du dich zunächst mittels einer Internetrecherche in das Thema einlesen. Eine Mindmap kann dir zu einer strukturierten Gliederung verhelfen (siehe Kapitel 5.2: Lernplan erstellen).

Literatur lässt sich auf unterschiedlichen Wegen finden. Versuche nicht nur auf Internetseiten zu verweisen. Du solltest darüber hinaus verdeutlichen, dass du dich auch mit (aktuellen) wissenschaftlichen Artikeln auseinandergesetzt hast.

- **Internetrecherche:** Für einen ersten Überblick kannst du zunächst eine beliebige Suchmaschine wählen. Nach und nach solltest du aber glaubwürdigere Quellenangaben heranziehen. Dies ist möglich, indem du z. B. Google Scholar verwendest, da dir dort ausschließlich wissenschaftliche Dokumente angezeigt werden.
- **Fachbücher:** Geeignete Fachbücher findest du bei Google Books. Oftmals gibt es dort aber nur eingeschränkte Leseproben. Besser ist es natürlich, dass du dir über den OPAC deiner Hochschul-Bibliothek die passenden Fachbücher bestellst.
- **Wissenschaftliche Artikel:** Wissenschaftliche Artikel findest du im Internet über Google Scholar. Allerdings sind die Artikel zum Teil veraltet. Aktuelle Artikel lassen sich am besten über eine fachspezifische Datenbank suchen. Den Zugang hierfür erhältst du in der Regel über deine Hochschule.

Zielgruppe analysieren

Nur wer seine Zielgruppe kennt, kann seine Präsentation optimal auf die Zuhörerschaft abstimmen. Schließlich gibt es nichts Schlimmeres, einem Vortrag zu folgen, der mit längst bekannten Informationen langweilt. Auf der anderen Seite kann es ähnlich ermüdend sein, zu wenig Vorkenntnisse mitzubringen und direkt nach der Einleitung nur Bahnhof zu verstehen. Der Vorteil bei einem Referat in deinem eigenen Studiengang ist, dass dein Publikum wahrscheinlich ähnliche Vorkenntnisse mitbringt wie du selbst.

Ebenso macht es einen Unterschied, ob du vor fünf oder 50 Personen referierst. Präsentierst du vor einer kleinen Gruppe in einem großen Raum, solltest du z. B. die Stühle so anordnen, dass alle in deiner Nähe sitzen. Das schafft eine wesentlich angenehmere Atmosphäre. Solltest du in einem vollen, sehr großen Raum präsentieren, musst du darauf achten, dass du auch in der letzten Reihe zu verstehen bist. Die Gruppengröße hat zudem Auswirkungen auf deine Methode.

Prüfe im Vorfeld folgende Punkte, um deine Zielgruppe besser einschätzen zu können:

- Gruppengröße (plane auch mögliche Erkrankungen ein)
- Geschlecht
- Alter
- Vorbildung (Schulbildung, berufliche Bildung etc.)
- Motivation
- Interesse
- Vorkenntnisse
- Einstellung zum Thema
- Erwartungen an deinen Vortrag
- Lassen sich alle Personen auf deine Methoden ein?

Anekdote

Ich habe einmal vor ca. 30 Personen eine Präsentation gehalten und zum Einstieg ein Brainstorming zu dem Thema vorgenommen. Jede Person sollte auf Moderationskärtchen Stichworte aufschreiben, die ihr zu dem Thema einfällt. Leider habe ich versäumt, die Anzahl der Stichpunkte und der zu beschreibenden Moderationskärtchen vorzugeben und hatte letztlich über 100 Kärtchen, die ich an der Moderationswand sortierte. Das war zum einen etwas langweilig, da sich viele Stichworte doppelten, auf der anderen Seite fiel es mir schwer, Kategorien zu bilden, da manche Personen mehrere Stichpunkte auf ein Kärtchen aufgelistet hatten, die aber thematisch nicht zusammenpassten. Hinzu kam, dass ich mich mit der Zeit der Einstiegsmethode verschätzte und im weiteren Vortrag kürzen musste.

Nach dieser Erfahrung habe ich folgende Empfehlung für dich: Versuche dir bei der Vorbereitung den Verlauf einer Methode ganz konkret vorzustellen. Präzisiere ggf. die Vorgaben an deine Zuhörerschaft (z. B. pro Person ein Stichwort auf eine Karte).

Bewertungsschema einfordern

Frage bei deinem Professor oder deiner Professorin nach, ob es ein Bewertungsschema für das Referat gibt. Anhand dessen kannst du prüfen, welche Aspekte besonders stark bewertet werden und welche Bestandteile du auf keinen Fall vergessen darfst.

7.2 Präsentationstechniken beherrschen

Medieneinsatz

Achte immer auf einen stimmigen Medieneinsatz! Wenn dein Thema Digitalisierung oder künstliche Intelligenz ist, dann ist eine Präsentation mit einem alten Overheadprojektor keine kluge Wahl. Im Folgenden werden unterschiedliche Präsentationstechniken und deren Vor- und Nachteile aufgeführt.

Powerpoint oder Keynote

Mit Powerpoint oder Keynote lassen sich verhältnismäßig einfach schöne Präsentationen gestalten, in die du Bilder, Diagramme, Tabellen, Videos und Musik einbauen kannst. Insofern sie nicht zu viel Text in viel zu kleiner Schriftart beinhalten und die Folien eher unterstützend zum eigentlich Gesprochenen herangezogen werden, ist diese Art eine wunderbare Präsentationsform. Achte bei den einzelnen Präsentationfolien immer darauf, dass die Schriftarten und die Farben stimmig und einheitlich sind. Andernfalls wirkt es leicht chaotisch. In Canva (kostenloses Online-Tool für Grafikdesign) findest du schöne Vorlagen.

Pro	Kontra
Verschiedene Wahrnehmungskanäle können angesprochen werden	Auf Technik angewiesen
Gute Darstellung von Tabellen, Diagrammen, Bildern	Gefahr des Ablesens und Überfrachtens der Folien
Steuerung mit Presenter möglich	Es werden zu viele Animationen eingebaut (z. B. Bilder einfliegen lassen)
In der Referentenansicht lassen sich die aktuelle Folie, die nächste Folie und Notizen anzeigen	Die Powerpointpräsentation steht im Vordergrund

Prezi

Prezi ist eine Präsentations-Plattform, auf der man mit Zoomen arbeitet, statt mit Folien zu präsentieren. Auf der Website Prezi.com finden sich bereits Vorlagen, die für bestimmte Studien- und Unterrichtsfächer herangezogen werden können. Für Studierende ist es möglich, eine Gratisversion zu nutzen.

Pro	Kontra
Platz für Kreativität und Flexibilität	Erfordert Einarbeitung in das Tool
Noch nicht so alltäglich wie Powerpoint	Designvorlagen lassen geringeren Spielraum zur eigenen Gestaltung zu
Kann für die Zuhörerschaft interessanter und fesselnder sein	Abhängigkeit von Technik und Internet
Kann zu mehr Aufmerksamkeit führen	Präsentation kann das Publikum überfordern
Cloudbasierte Software kann on- und offline genutzt werden	Zoomen kann Übelkeit beim Zusehen hervorrufen

Tafel und Whiteboard

Oft ist ihr Ruf schlechter, als sie wirklich ist: die gute alte Kreidetafel. Dennoch birgt sie einige Risiken. Zum einen kommt der Einsatz mitunter etwas altbacken daher. Wenn du den Retrostyle magst und er zu deinem Referatsthema passt, dann achte darauf, dass die Tafel zuvor gut gewischt wurde und du deine Kreidefinger anschließend nicht an deinen Klamotten abwischst. Wenngleich die fortschrittlichere Variante Whiteboard ähnliche Vor- und Nachteile wie die Kreidetafel aufweist, so sollte man im Blick behalten, dass die Whiteboardstifte abwischbar sind und vor allem, dass sie gut schreiben – andernfalls schaut es ziemlich unprofessionell aus. Um die Platzeinteilung des Whiteboards oder der Tafel optimal zu nutzen, kann es hilfreich sein, das Tafelbild zunächst auf einem DIN-A4-Querformat zu skizzieren.

Pro	Kontra
Keine Abhängigkeit von Technik	Einteilung des Tafelbildes kann sehr herausfordernd sein
Möglichkeit der Interaktion mit dem Publikum	Platzeinteilung muss im Vorfeld geübt werden
Tafelbild kann schrittweise entstehen und somit das Mitdenken der Zuhörerschaft anregen	Nur bei leserlicher Schrift sinnvoll
Einsatz verschiedener Farben bei der Gestaltung spontan einsetzbar	Beim Schreiben steht man mit dem Rücken zum Publikum

Tablet und Beamer

Der Einsatz eines Tablets kann einen Vortrag interaktiv und abwechslungsreich gestalten, da sich in Sekunden sämtliche Mediadateien einspielen lassen. Allerdings muss man diese Art der Präsentation einüben und beherrschen. Ein hektisches Wischen auf dem Tablet kann dazu führen, dass die Zuhörerschaft schnell abschweift und dem Vortrag nicht mehr folgen kann. Ein großer Vorteil ist allerdings, dass sich im Vorfeld zusammengestelltes und abgespeichertes Hintergrundwissen schnell abrufen lässt.

Pro	Kontra
Mix aus professionell vorbereiteter Präsentation und Interaktion mit dem Publikum (z. B. Brainstorming kann direkt visualisiert werden)	Setzt technische Versiertheit voraus
Gesamter Raum kann genutzt werden	Abhängigkeit von der Technik
Spontaner Zugriff auf Internetquellen oder weitere Dokumente möglich	Leserliche Schrift bei Einsatz eines Pencils erforderlich
Wirkt professionell	Zu viele Medieneinspielungen können das Publikum ermüden oder überfordern

Flipchart oder elektrostatische Folien

Flipcharts oder elektrostatische Folien eignen sich hervorragend, wenn du deine Zuhörerschaft am Entstehungsprozess beteiligen möchtest. Zudem hast du die Möglichkeit, sie überall im Raum anzubringen. Achte darauf, dass du nicht zu lange mit dem Rücken zu deinem Publikum auf das Flipchart oder die Folie schreibst. Stelle dich beim Schreiben seitlich zur Folie. Zudem solltest du erst sprechen und dann die wesentlichen Punkte aufschreiben. Du kannst es auch nutzen, um z. B. die Gliederung deines Referates im Vorfeld aufzuschreiben und diese im Raum aufzuhängen. So weiß deine Zuhörerschaft immer, bei welchem Gliederungspunkt im Vortrag du dich gerade befindest.

Pro	Kontra
Möglichkeit der Interaktion mit dem Publikum (z. B. Brainstorming)	Nur einsetzbar bei leserlicher Schrift
Keine Abhängigkeit von der Technik	Herausfordernd, nur die wesentlichen Punkte zu skizzieren
Flipcharts können bereits im Vorfeld professionell gestaltet werden	Umblättern der Flipchartseiten könnte ggf. stören
Grafiken und Diagramme lassen sich leicht skizzieren	Keine Bilder oder dynamischen Schaubilder möglich

Pinnwand und Moderationskarten

Eine unterschätzte Präsentationstechnik ist der Einsatz von Moderationskärtchen auf einer Pinnwand. Dennoch sollte diese Methode nicht auf die leichte Schulter genommen werden. Lässt man zum Beispiel das Publikum Stichworte zu Beginn eines Vortrages aufschreiben, so kann es sein, dass die Anzahl der Moderationskärtchen ins Unermessliche steigt (siehe meine Anekdote in Kapitel 7.1: Die richtige Vorbereitung). Außerdem ist das Sortieren und das Clustern eher für Fortgeschrittene geeignet. Achte immer darauf, dass du genügend Pinnadeln zur Verfügung hast. Übe im Vorfeld das Anpinnen! Andernfalls wirkt es schnell unprofessionell. Die Inhalte auf den Moderationskärtchen können am Ende des Vortrages aufgegriffen werden, um mit dem Publikum zu diskutieren oder eine Ergebnissicherung vorzunehmen.

Pro	Kontra
Hohes Potenzial für Interaktion mit den Teilnehmenden	Erfordert hohe Methodenkompetenz
Gut für ein erstes Brainstorming (Einstieg)	Beim Einbezug der Zuhörerschaft sollte die Gruppengröße nicht zu groß sein
Möglichkeit des Clusterns	In der Regel keine Wiederverwendung der Moderationskarten möglich
Informationen stehen während des Vortrages permanent zur Verfügung	Aufwändige Logistik

Dokumentenkamera bzw. Visualizer

Die geniale Weiterentwicklung des Overheadprojektors ist die Dokumentenkamera bzw. der Visualizer. Es lassen sich nicht nur Folien zeigen, sondern auch Inhalte aus Büchern oder das Display eines Smartphones oder eines Tablets. Ein weiterer Vorteil ist, dass sich durch die Zoomfunktion auch kleinere Objekte vergrößert darstellen lassen.

Pro	Kontra
Einfache Bedienung möglich	Abhängigkeit von der Technik
Vielfältiger Einsatz möglich	Bei einer hohen Anzahl an Präsentationsfolien weniger geeignet
Transportabel	Gespeicherte Dateien auf dem Computer sind nicht abrufbar
Unproblematisches Ergänzen weiterer Inhalte möglich	Kein spontaner Zugriff auf das Internet (außer in Verbindung mit einem Smartphone)

Extra-Tipp: Kombination der Präsentationstechniken
Eine Kombination mehrerer Präsentationstechniken kann definitiv als Pluspunkt gewertet werden. Aber auch hier gilt: Der Inhalt bestimmt die Methode! Vor allem an der Hochschule sollte der Inhalt und nicht die Methode im Vordergrund stehen. Es braucht kein Methodenfeuerwerk!

7.3 Storytelling, freies Sprechen, Redeangst überwinden

Storytelling

Storytelling ist eine Methode, bei der durch das Erzählen von Geschichten neben Informationen auch Emotionen vermittelt werden. Aber warum sollte man zu Beginn eines Vortrags eine Geschichte erzählen? Ganz einfach! In den ersten Minuten entscheidet sich, ob deine Zuhörerschaft überhaupt Interesse hat, deiner Präsentation zu folgen. Gute Beispiele lassen sich hierfür in TED-Talks finden. So beginnt Veit Etzold seinen TED-Vortrag mit „Der König stirbt und die Königin stirbt – das sind Fakten. Der König stirbt und die Königin stirbt aus Trauer – das ist eine Geschichte". Ferner geht Veit Etzold darauf ein, dass wir alle Geschichten mögen und eine Story wesentlich nachhaltiger als eine faktenbasierte Argumentation ist. Selbst wenn wir gute, reale Fakten haben – werden diese langweilig dargestellt, bleiben sie uns kaum im Gedächtnis. Das soll jetzt natürlich kein Aufruf sein, Vorträge in der Hochschule zu präsentieren, die aus der Boulevardpresse stammen oder wie von einem Märchenonkel klingen! Aber mit Sicherheit lassen sich auch wissenschaftliche Vorträge wesentlich spannender gestalten, wenn sie mit einer guten (persönlichen) Story beginnen. Möchtest du mehr über TED-Talks und Storytelling erfahren? Dann kann ich dir diese beiden TED-Talks empfehlen: Die Kunst des Storytellings von Veit Etzold at TEDxMünchenSalon (deutsch) und Storytelling lernen mit TED Talks „Von Menschen erzählen" (englisch mit deutschem Untertitel).

QR-Code: Die Kunst des Storytellings

QR-Code: Storytelling lernen mit TED Talks

Anekdote

Ich habe während meines Studiums mit einer Kommilitonin ein Referat über eine Studienreise nach Syrien gehalten (Anmerkung: 2008 war es tatsächlich noch möglich, sicher nach Syrien zu reisen). Wir haben zuvor die Stühle im Raum so angeordnet, als würden sich die Mitstudierenden in Flugzeugreihen befinden. Dann haben wir begonnen: „Herzlich willkommen, Sie befinden sich auf dem Flug nach Damaskus. Ihre Flugzeit beträgt fünf Stunden und 45 Minuten." Parallel dazu zeigten wir Präsentationsfolien von Bildern eines Flugzeuges und vom Flughafen in Damaskus. Im weiteren Verlauf gingen wir auf Zahlen, Daten und Fakten ein, wie z. B. auf die Verteilung der syrischen Bevölkerung nach der Religion. Zudem zeigten wir Bilder aus Syrien und auch ein Video eines Muezzin-Rufs. So erzählten wir einerseits eine Geschichte und andererseits bauten wir die wesentlichen Informationen und Fakten entsprechend ein. Neben einer sehr guten Note konnten wir uns am Ende über ein begeistertes und wenig gelangweiltes Publikum erfreuen.

Wo findest du Storys, die zu deinem Referat passen?

Grundsätzlich findest du überall Geschichten, mit denen du dein Referat beginnen oder in deine Präsentation einbauen kannst. Welche Geschichte gut passt, hängt natürlich davon ab, welches Ziel du mit deiner Erzählung erreichen möchtest.

- Amüsante Anekdote
- Persönliche Geschichte aus deinem Leben
- Witze
- Märchen
- Fabeln
- Aktuelle Geschehnisse
- Historische Ereignisse
- Beobachtungen, die du gemacht hast

Wichtig ist, dass du immer wieder zum Thema zurückkommst, indem du z. B. erwähnst: „Warum erzähle ich euch das?" Und letztlich solltest du dich selbst in der Geschichte nicht zu angeberisch darstellen. Das merkst du aber spätestens dann, wenn die ersten Mitstudierenden mit den Augen rollen oder aufstöhnen.

Freies Sprechen

Nur kaum jemand beherrscht das freie Sprechen vor einer größeren Zuhörerschaft und diejenigen, die es können, haben in der Regel viele Jahre dafür geübt. Die gute Nachricht: Vor Publikum frei sprechen kann man lernen! Mit diesen Tipps klappt es bestimmt:

Kenne dich in deinem Thema aus!

Eine gute inhaltliche Vorbereitung führt zu Sicherheit. Sobald du eine gewisse Expertise zu einem Thema entwickelt hast, hast du nicht nur mehr zu erzählen, sondern kannst auch souverän auf Fragen reagieren. Für eine gründliche Vorbereitung sollte man deshalb rechtzeitig beginnen.

Lege dir eine Struktur zurecht!

Welche Punkte sind dir wichtig? Überlege dir z. B. drei wesentliche Aspekte, die du deinem Publikum in deinem Vortrag mitgeben möchtest, und gehe systematisch von einem Punkt zum nächsten.

Nimm dich selbst auf!

Auch wenn es dir schwerfällt, zeichne dich auf Video auf. Reflektiere deine Aufnahme und arbeite Schritt für Schritt an deiner Aussprache, an der Wahl deiner Worte und der Lautstärke deiner Stimme.

Verbessere deinen Sprachfluss!

Übe in jeder Situation (auch in Alltagsgesprächen mit Freunden und Familie) deine Aussprache und deinen Sprachfluss zu verbessern. Baue auch im Alltag sukzessive Fach- und Fremdwörter ein. „Ähms" können reduziert werden, indem du statt einem „Ähm" eine kurze Pause einlegst.

Stelle dich der Herausforderung!

Begib dich so oft es geht in Situationen, in denen du frei vor anderen Personen sprechen darfst. Am besten gelingt das natürlich, wenn es um Präsentationen geht, die nicht benotet werden.

Konzentriere dich während des Sprechens!

Konzentriere dich zu 100 % auf deinen Vortrag und versuche bereits im Vorfeld möglichst viele Störquellen auszuschalten.

Übe, übe, übe!
Gehe deinen Vortrag immer wieder gedanklich durch und versuche ihn möglichst oft zu sprechen. Stoppe dabei die Zeit, um ein Gefühl dafür zu bekommen, wie lange du für einzelne Abschnitte benötigst.

Redeangst überwinden

„Sobald ich weiß, dass ich ein Referat halten muss, beginnt es in meinem Kopf: Ich schaffe das niemals! Was denken die anderen von mir? Was mache ich, wenn ich den Faden verliere? Was tue ich, wenn ich nicht alle Fragen beantworten kann – oder noch schlimmer – wenn die anderen mich auslachen? Zudem krampft sich mein Magen zusammen, ich bekomme Schweißausbrüche und in den Nächten vor dem Referat kann ich kaum schlafen und habe Albträume."

Solche, oder so ähnliche destruktive Gedanken werden von Studierenden beschrieben, die von Redeangst geplagt sind. Sie versuchen nicht selten, mit den Dozierenden auszuhandeln, statt eines Referates eine Hausarbeit zu schreiben oder das Referat in ein kommendes Semester zu verschieben.

Verdrängen ist in diesem Fall aber keine gute Strategie, denn in den meisten Fällen wird man auch nach dem Studium mit Situationen konfrontiert, in denen man vor anderen Personen sprechen muss.

Solltest du unter Redeangst leiden, können dir folgende Aspekte dabei helfen, sie zu überwinden:

- Im ersten Schritt solltest du dir deine Redeangst eingestehen. Es ist es ganz normal, dass man vor einem Referat nervös ist.
- Notiere dir wesentliche Stichpunkte auf Karteikarten, die du zur Unterstützung heranziehen kannst.
- Sage dir immer wieder, dass du gut vorbereitet bist. Du hast deine Präsentation, an der du dich orientieren kannst, du hast deine Karteikarten, du hast das Wissen in deinem Kopf.
- Bereite dich gewissenhaft vor und habe keine Angst vor Fragen, die du möglicherweise nicht beantworten kannst.
- Überlege dir im Vorfeld, wie du auf Fragen reagierst, auf die du nicht sofort eine Antwort hast. Eine Strategie kann sein, den Ball erst mal an die Zuhörerschaft zurückzuspielen: „Was denken Sie, was könnte die Lösung sein?" Das verschafft dir Zeit zum Nachdenken. Zudem kannst du Ideen aus dem Publikum aufgreifen und diese weiterspinnen. Und wenn dir gar nichts einfällt ist es auch legitim zu sagen: „Das ist eine wirklich interessante Frage, da muss ich noch mal recherchieren. Ich werde die Antwort nachreichen."
- Baue Methoden ein, bei denen deine Zuhörerschaft aktiv werden muss. Dadurch verringerst du deinen eigenen Sprechanteil.
- Übe deinen Vortrag immer wieder, indem du ihn laut sprichst. Das verschafft dir die nötige Sicherheit.

7.4 Die Präsentation

Der Aufbau deiner Präsentation (z. B. ein Referat) besteht aus drei Elementen: Einleitung, Hauptteil und Schluss.

Die Einleitung der Präsentation

Ganz klar: Die Einleitung muss ein Knaller sein! Das ist die halbe Miete. Die wesentliche Aufgabe deiner Einleitung besteht darin, das Interesse deiner Zuhörerschaft zu wecken, was gut mit der Methode des Storytellings (siehe Kapitel 7.3: Storytelling) gelingen kann. Die Einleitung macht etwa 10–15 % deiner Vortragszeit aus. Hierfür stehen dir unterschiedliche Möglichkeiten zur Verfügung:

- Fragestellung an das Publikum
- Zitat
- Statistik
- Kurzes Video
- Kurze Sequenz aus einem Podcast
- Musik
- Aktueller Zeitungsartikel
- Praxisnahes Beispiel
- Persönliche Erfahrung
- Anekdote
- Bild

Danach solltest du kurz anreißen, welche Aspekte du im Wesentlichen behandelst, also wie deine Gliederung aufgebaut ist und wie sich dein Problemaufriss darstellt. Während deines Vortrages sollte für die Zuhörerschaft immer ein roter Faden erkennbar sein.

Der Hauptteil der Präsentation

Der Hauptteil nimmt etwa 70–80 % deiner Vortragszeit ein und ist das Herzstück deiner Präsentation. Er beginnt, sobald deine Zuhörerschaft in etwa weiß, was sie während des Vortrags erwartet. Hier gehst du auf die Forschungslage deines Themas ein, definierst wichtige Begriffe und erklärst Zusammenhänge.

Der Schluss der Präsentation

Der Schlussteil, der auch etwa 10–15 % der Redezeit einnimmt, rundet deinen Vortrag ab und die Inhalte bleiben möglicherweise am längsten im Gedächtnis deiner Zuhörerschaft. Fasse noch einmal kurz die Inhalte zusammen. Gib Raum für Fragen. Statt der Frage „Gibt es noch Fragen“ solltest du eher eine Diskussion anregen, indem du z. B. eine provokante Sichtweise einbaust. Zudem kannst du einen Ausblick auf weitere Fragestellungen oder künftige Forschungserfordernisse geben. Auch ein Zukunftsszenario kann durchgespielt werden. Behalte unbedingt die Uhr im Blick, sodass dir die Diskussion nicht aus dem Ruder gerät. Freundlich aber bestimmt kannst du eine Diskussion beenden, indem du darauf hinweist, noch eine Wortmeldung zuzulassen. Zudem kannst du das Angebot machen, in der Pause weiter mit deinen Mitstudierenden zu diskutieren.

So beendest du den Vortrag einer Präsentation

Um den Vortrag zu beenden, kannst du entweder eine langweilige Präsentationsfolie einblenden auf der „Vielen Dank für Ihre Aufmerksamkeit" steht oder eine humorvolle Folie auswählen. Auch Zitate runden einen Vortrag gut ab. Diese sollten natürlich immer zu deinem Thema passen.

Beispiele für Zitate zum Beenden einer Präsentation:
- **„Wege entstehen dadurch, dass man sie geht." (Franz Kafka)**
- **„Ich glaube an das Pferd. Das Automobil ist nur eine vorübergehende Erscheinung." (Kaiser Wilhelm II.)**

Es spricht absolut nichts dagegen, den Vortrag mit folgenden Worten zu beenden:
- Vielen Dank für euer Zuhören!
- Damit beende ich mein Referat. Vielen Dank!
- Danke, dass ihr zugehört habt.

Checkliste für den Tag deiner Präsentation

☐ Sei ausgeschlafen.
☐ Sei frühzeitig vor Ort, um den Raum vorzubereiten.
☐ Prüfe die Raumtemperatur.
☐ Führe einen Technikcheck durch (am besten einen Tag vorher).
☐ Prüfe die Anordnung der Stühle im Raum.
☐ Stelle dir ein Glas Wasser bereit.
☐ Lege dir Notizblock und Stift zurecht.
☐ Prüfe die Lichtverhältnisse.
☐ Lege dir eine Uhr in Sichtweite.
☐ Ordne dir die auszuteilenden Materialien zurecht.

7.5 Das Redemanuskript und das Handout gestalten

Das Redemanuskript

Wenngleich es Menschen gibt, die vollständig ohne Redemanuskript auskommen, bildet ein gutes Skript vor allem für ungeübte Personen die Grundlage für ihren Redeerfolg. Ein Redemanuskript ist nur für die vortragende Person und wird nicht an die Zuhörerschaft ausgeteilt. Selbstverständlich ist ein Redemanuskript kein Muss! Wenn dir die Inhalte auf deinen Präsentationsfolien ausreichen, ist das absolut ok.

Stelle dir vor der Erstellung deines Redemanuskripts folgende Fragen:

- Was ist die Kernaussage deines Referates?
- Welche Botschaft willst du unbedingt vermitteln?
- Welche Worte möchtest du verwenden?

Aufbau eines Referates und somit eines Redemanuskripts

- Begrüßung
- Vorstellung deiner Person (falls nötig)
- Kreativer Redeeinstieg z. B. über Storytelling
- Vorstellung des Themas
- Mögliche Bestandteile des Hauptteils
  - Schilderung des aktuellen Forschungsstandes
  - Problemdarstellung, Aufwerfen von Fragen
  - Stichhaltige Beweisführung mit überzeugenden Argumenten und Beispielen
  - Kritische Betrachtung, Diskussion
- Fazit und Ausblick

Wie schreibt man ein Redemanuskript?

Im Gegensatz zu einer Hausarbeit oder dem Handout, wird dein Redemanuskript nicht gelesen, sondern gehört. Deshalb solltest du es in natürlicher Sprechsprache schreiben. Andernfalls hört es sich abgelesen an. Achte darauf, keine Schachtelsätze zu formulieren und unnötige Füllwörter zu verwenden.

Spreche die Sätze vor dem Formulieren laut aus. Dafür kannst du die Diktierfunktion deines Smartphones verwenden.

Das Redemanuskript ist vornehmlich für die Vorbereitung gedacht und eignet sich nicht dafür, dass du es während deines Vortrags verwendest.

Nachteile eines Redemanuskripts

Wenn du dich zu stark an deinen vorformulierten Sätzen im Redemanuskript orientierst, kann es dazu führen, dass du während des Vortrags ins Stocken kommst – vor allem, wenn dir Überleitungen nicht einfallen. Alternativ kannst du dir Stichwörter auf Karteikarten schreiben, die du während deines Vortrages dabeihast. Dann bist du freier bei deiner Wortwahl und gedanklich nicht zu starr an deinem Skript. Wenn du dich sehr gut in deinem Thema auskennst, wirst du auch keine Probleme haben, alleinig mit Stichpunkten die richtigen Worte zu finden.

Das Handout

Das Handout dient als Unterstützung zu einer von dir gehaltenen Präsentation für deine Kommilitonen. Bei einem guten Handout sind die wichtigsten Inhalte so zusammengefasst, dass deine Mitstudierenden im Nachgang gut damit arbeiten können. Das bedeutet, du musst einen Mittelweg zwischen bloßen Stichpunkten und Textüberfrachtung wählen.

Gestaltung des Handouts
Wenn das Handout übersichtlich sein soll, bietet es sich an, Sätze auszuformulieren. Gleichzeitig helfen Absätze und Grafiken für eine übersichtliche Darstellung. Ein hilfreicher Bestandteil können Grafiken, Diagramme oder Tabellen sein, die du bereits in deiner Präsentation verwendet hast. Der Umfang des Handouts richtet sich nach der Länge deines Referates. Achte unbedingt auf eine ordentliche Angabe der Quellen und darauf, dass du beim Einfügen von Bildern die Urheberrechte nicht verletzt. Zur Gestaltung des Handouts kann dir das Online-Grafiktool Canva wertvolle Dienste leisten.

Wann sollte das Handout ausgeteilt werden?
Hier gibt es unterschiedliche Sichtweisen. Wird das Handout vor der Präsentation an die Zuhörerschaft ausgeteilt, besteht die Gefahr, dass das Handout gelesen wird und keiner deinem Vortrag folgt. Ein Vorteil, das Handout zuvor auszuteilen, besteht allerdings darin, dass sich die Personen eigene Notizen machen können. Das musst du abwägen.

7.6 Anfängerfehler beim Präsentieren vermeiden

Und last but not least – Vermeide diese Anfängerfehler!

- Präsentation und Vortrag sind deckungsgleich
- Vortrag wird abgelesen
- Zeit wird falsch eingeschätzt
- Technik wird nicht beherrscht
- Zu viel Inhalt
- Zu schnelles, leises und undeutliches Sprechen
- Zu viele Fachbegriffe und Zahlen
- Zu viele verschachtelte Sätze
- Kein Blickkontakt zum Publikum
- Kein roter Faden erkennbar
- Präsentationsfolien sind überfüllt
- Schriftgröße ist zu klein
- Zu wenig Sprechpausen
- Keine Interaktion mit dem Publikum
- Vortragende Person hält sich nur an einer Stelle des Raumes auf
- Vortragende Person stellt sich in das Licht des Beamers oder des Projektors

8. Abwechslung vom Unialltag! Was du für ein Praktikums- oder Auslandssemester wissen musst

Das erwartet dich in diesem Kapitel:

8.1 Vorteile und Möglichkeiten eines Praktikums

Die Vorteile eines Praktikums während des Studiums liegen auf der Hand: Du sammelst Berufserfahrung! Gerade für Studierende ist das besonders wichtig. Während des Studiums an der Hochschule ist man zwar irgendwann fit in Theorien und dem Schreiben von Hausarbeiten, aber das reicht noch nicht aus, um im Berufsalltag zu bestehen. Dort werden Soft Skills benötigt, die zum Teil fernab von dem sind, was im Studium gelehrt wird. Deshalb ist es wichtig, die Augen nach guten Praktikumsplätzen offen zu halten, um Theorie und Praxis miteinander zu verknüpfen. Ebenso kannst du während eines Praktikums Kontakte sammeln, die dir später beim Jobeinstieg helfen. Häufig erhalten Studierende nach einem Praktikum ein Angebot für einen Arbeitsplatz in dem Unternehmen. Und letztlich machen sich praktische Erfahrungen einfach gut im Lebenslauf.

Generell lassen sich zwei Arten von Praktika im Studium unterscheiden: das Pflichtpraktikum und das freiwillige Praktikum.

Das Pflichtpraktikum

Pflichtpraktika sind Praktika, die ein fester Bestandteil deines Studiums sind. Die Dauer, der Inhalt und die Art sind in der Regel in der Studien- und Prüfungsordnung vorgegeben. Dort ist auch festgelegt, welche Pflichten du in deinem Praktikum erfüllen musst (z. B. Praktikumsbericht schreiben). Wenn du das Pflichtpraktikum nicht absolvierst, fehlt dir eine wesentliche Vorleistung und du kannst dein Studium nicht beenden. Prüfe deshalb genau, welche Kriterien dein Praktikumsplatz erfüllen muss, um bei deiner Hochschule anerkannt zu werden. Der Zeitpunkt des Pflichtpraktikums ist von Hochschule zu Hochschule verschieden. Sollte das Pflichtpraktikum in deinem Studiengang erst gegen Ende deines Studiums vorgesehen sein, so empfiehlt es sich, zuvor bereits freiwillige Praktika abzuleisten.

Ein Pflichtpraktikum…
- … ist ein fester Bestandteil deines Studiums.
- … dient der Vertiefung deiner theoretisch gelernten Inhalte durch die Berufspraxis.
- … dauert in der Regel zwei bis drei Monate.
- … wird oft nicht vergütet.

Das freiwillige Praktikum

Beim freiwilligen Praktikum bestimmst du selbst, wann und bei welchem Arbeitgeber du erste praktische Erfahrungen sammeln möchtest. Es gibt keine Vorgaben zu Inhalt, Dauer und Art. Diese verhandelst du selbst mit dem Arbeitgeber. Sinnvoll ist es, das Praktikum in die vorlesungsfreie Zeit zu legen oder in Phasen, in denen du Leerlauf hast. Das macht sich nicht nur gut im Lebenslauf, sondern hilft dir auch, dich beruflich (neu) zu orientieren.

Ein freiwilliges Praktikum…
- … ermöglicht Einblicke in Berufe und Berufsfelder.
- … dauert in der Regel maximal sechs Monate.
- … wird zum Teil mit dem Mindestlohn vergütet.

Wie viele Praktika sind sinnvoll?

Hier gilt auf jeden Fall nicht das Prinzip „je mehr, desto besser“. Eine zu große Anzahl an Praktika kann bei einem Bewerbungsgespräch Fragen aufwerfen: „Kann sich die Person nicht entscheiden?“ oder „Was sind die Gründe, warum es noch zu keiner Festanstellung geführt hat?“. Zwei bis drei Praktika mit einer Dauer von mehreren Wochen oder Monaten machen sich gut im Lebenslauf. Solltest du bereits eine hohe Anzahl an Praktika absolviert haben, kannst du dir überlegen, ob du tatsächlich alle Praktikumsstellen im Lebenslauf angibst oder kurze Schnupperpraktika einfach weglässt. Anders verhält es sich, wenn du in deinem angestrebten Bereich keine Festanstellung findest. Dann ist ein längeres Praktikum immer noch besser als eine Lücke im Lebenslauf vorzuweisen. Diese wirst du mit großer Wahrscheinlichkeit begründen müssen.

Stelle dir vor dem Antritt eines Praktikums diese Fragen

- Welchen Nutzen erhoffst du dir von dem Praktikum?
- Stimmt die Vergütung?
- Welchen Aufgabenbereich möchtest du übernehmen?
- Was möchtest du konkret im Praktikum lernen?
- Bietet dir das Praktikum Einblicke in das Berufsleben, die du noch nicht kennst?
- Ist die Dauer des Praktikums angemessen?

Wie lange dauert ein Praktikum?

Für die Dauer eines Praktikums während des Studiums gibt es keine feste Richtlinie. Während für ein Pflichtpraktikum die Anzahl der Wochen in der Studien- und Prüfungsordnung festgelegt ist, kann sich ein freiwilliges Praktikum von einzelnen Tagen oder wenigen Wochen bis hin zu einem Jahr erstrecken. Problematisch ist an der Stelle allerdings, dass sich die Dauer der Prüfungsphase über einen Großteil der Semesterferien zieht. So bleibt häufig nur ein kleines Zeitfenster, um ein Praktikum zu absolvieren. Viele Unternehmen bieten jedoch Praktika nur über einen Zeitraum von mindestens drei Monaten an. Unter Umständen kannst du aber mit einem Unternehmen vereinbaren, dass du über einen längeren Zeitraum für ein Praktikum bereitstehst, dieses aber nicht in Vollzeit oder an einem Stück absolvierst.

Wie hoch ist die Praktikumsvergütung?

Grundsätzlich fällt die Tätigkeit eines Praktikums unter das Mindestlohngesetz. Der Mindestlohn stellt die Untergrenze dar und unter Umständen kann die Praktikumsvergütung auch über dem Mindestlohn liegen. Das hängt davon ab, welche Fähigkeiten du mitbringst. Mache dir im Vorfeld Gedanken, mit welchen deiner Skills du punkten kannst. Es gibt aber auch Ausnahmen, die nicht mindestlohnpflichtig sind. Darunter fallen u.a. das Pflichtpraktikum, das im Rahmen vieler Studiengänge verpflichtend ist oder Schnupperpraktika von maximal drei Monaten. Dennoch ist es möglich, bei der Art von Praktikum eine Vergütung, einen Fahrtkostenzuschuss oder eine Vergünstigung für die Kantine auszuhandeln.

8.2 Den richtigen Praktikumsplatz finden

Ob ein Praktikum zu dir passt, hängt von unterschiedlichen Faktoren ab. Wenn du dir noch nicht sicher bist, wie deine Praktikumsstelle aussehen soll, können dir die folgenden Fragestellungen helfen:

Suchst du einen Platz für ein freiwilliges Praktikum oder für ein Pflichtpraktikum?

☐ Freiwilliges Praktikum ☐ Pflichtpraktikum

Bist du bereit, für das Praktikum in eine andere Stadt zu ziehen?

☐ Ja ☐ Nein

Kannst du dir einen längeren Arbeitsweg zu deiner Praktikumsstelle vorstellen?

☐ Ja ☐ Nein

Kannst du dir ein Praktikum im Ausland vorstellen?

☐ Ja ☐ Nein

Bist du darauf angewiesen, im Praktikum Geld zu verdienen?

☐ Ja ☐ Nein

Möchtest du das Praktikum in einem kleinen oder in einem großen Unternehmen ableisten?

☐ Kleines Unternehmen ☐ Großes Unternehmen

Möchtest du die Möglichkeit haben, Homeoffice zu nutzen?

☐ Ja ☐ Nein

Hast du bereits ein bestimmtes Unternehmen im Blick?

☐ Ja ☐ Nein

Zusätzlich solltest du dir folgende Fragen stellen:
- Wie lange soll dein Praktikum dauern?
- In welchem Berufsfeld möchtest du dein Praktikum absolvieren?
- Wann willst du das Praktikum machen?

Anhand der Fragen, konntest du dir bestimmt etwas mehr Klarheit verschaffen, wie dein Praktikum aussehen soll. Doch nun heißt es: Wie findet man eigentlich den perfekten Praktikumsplatz?

Wie findet man den passenden Praktikumsplatz?

Internet durchsuchen

Entweder du suchst über eine Suchmaschine mit den von dir gewählten Stichwörtern oder du schaust auf den klassischen Jobportalen wie z. B. Stepstone, Indeed oder

Monster sowie den Karriereplattformen LinkedIn oder Xing. Auch ein Blick auf die Internetseite der Bundesagentur für Arbeit kann dich einen Schritt weiter zu deiner Traum-Praktikumsstelle bringen.

Kontakte nutzen

Kennst du Personen, die in einem Unternehmen arbeiten, welches dir zusagt? Dann spreche sie an und frage die Personen zum Unternehmen aus (z. B. Welche Abteilungen gibt es? Wie groß ist das Unternehmen? Was ist die Kernkompetenz des Unternehmens? Was stellt das Unternehmen her? Wie ist die Aufbauorganisation des Unternehmens?). Mit dem Wissen bist du für ein mögliches Vorstellungsgespräch gut gewappnet. Zudem kannst du in deinem Bewerbungsschreiben auf den Kontakt verweisen.

Praktikumsamt der Hochschule

An vielen Hochschulen gibt es ein Praktikumsamt oder eine Praxisstellenbörse mit aktuellen Stellenausschreibungen. Dort kannst du neben Tipps für das Finden einer Praktikumsstelle auch Informationen zu Praktikumsverträgen oder Aufgabenstellungen erhalten, die du während des Praktikums erledigen musst.

Mitstudierende aus höheren Semestern befragen

Knüpfe, wann immer es geht, Kontakte zu Studierenden höherer Semester deines Studienfaches. Sie können dir nicht nur hilfreiche Tipps zu Prüfungen & Co geben, sondern dir auch ihr Erfahrungswissen zu absolvierten Praktika weitergeben.

Cave: Der korrekte Plural von „Praktikum" lautet „Praktika".

8.3 Das Auslandspraktikum

Ein Auslandspraktikum kann eine spannende Alternative zu einem Praktikum in Deutschland sein. Wenn du die folgenden Fragen mit „ja" beantworten kannst, ist vielleicht ein Auslandspraktikum das Richtige für dich:

- Du möchtest eine neue Sprache lernen oder deine Englischkenntnisse verbessern?
- Du möchtest andere Kulturen kennenlernen?
- Du möchtest etwas anderes sehen?
- Du hast keine Angst vor einer aufwendigen Vorbereitung?
- Du möchtest eine spannende Herausforderung annehmen?
- Du kannst mögliche anfallende Kosten abdecken, die mit einem Auslandspraktikum einhergehen?

Darüber hinaus sollte dir klar sein, dass ein Praktikum im Ausland in der Regel alles andere als günstig ist. Unter anderem erwarten dich Kosten für:

- Visum
- Länderspezifische Gesundheitsvorsorge (z. B. Impfungen)
- Versicherungen (z. B. Reiseversicherung, Auslandskrankenversicherung)
- An- und Abreise

- Unterkunft und Verpflegung
- Freizeitgestaltung

Wie lässt sich ein Auslandspraktikum finanzieren?

Es gibt viele Stipendien und Förderungen, für die du dich bewerben kannst, wenn du ein Praktikum im Ausland machen willst. Beispielsweise vom Deutschen Akademischen Austauschdienst (DAAD) und von der Studienstiftung des deutschen Volkes. Zudem hast du die Möglichkeit, Auslands-BAföG zu erhalten oder einen Bildungskredit für ein Auslandspraktikum aufzunehmen.

Bei der Bewerbung solltest du die länderspezifischen Besonderheiten berücksichtigen. In den USA oder Großbritannien ist es beispielsweise eher unüblich, ein Foto von sich beizufügen.

Cave: Die meisten Länder gewähren dir nur die Einreise, wenn dein Reisepass noch mindestens für die nächsten sechs oder zwölf Monate gültig ist.

Ein Erfahrungsbericht

Auslandspraktikum während des Studiums in Südafrika – Interview mit Sandra

Sandra (24 Jahre) machte während ihres Bachelorstudiums zur Gesundheits- und Pflegepädagogin ein Auslandspraktikum von 16 Wochen in Johannesburg und berichtet im Interview von ihren Erfahrungen.

Warum hast du dich für ein Auslandspraktikum in Johannesburg entschieden?

Sandra: Ich habe mich schon immer für andere Länder und Kulturen interessiert. Im Rahmen meines Studiums habe ich mich intensiv mit dem deutschen Gesundheitssystem auseinandergesetzt und wollte nun das Gesundheitssystem in einem anderen Land kennenlernen. Am besten gleich auf einem anderen Kontinent. Ich wusste, dass die Gesundheitsversorgung in einigen Teilen Südafrikas ein ähnliches Niveau wie in Europa aufweist, da sich das Land immer mehr zu einem Industrieland entwickelt hat. Viele Landabschnitte lassen sich dort aber eher zu den Ländern der Dritten Welt zählen. Genau das machte für mich den Reiz aus. Hinzu kam, dass meine Englischkenntnisse bis zu dem Zeitpunkt mittelmäßig waren. Das wollte ich ändern.

Was waren deine Aufgaben im Praktikum?

Sandra: Zunächst war ich in einer Beratungsstelle für Frauen eingesetzt, die Opfer von Gewalt wurden. Mein Arbeitsalltag gestaltete sich dort allerdings etwas eintönig, da ich überwiegend damit beschäftigt war, lediglich die Tür zu öffnen und die Frauen in Empfang zu nehmen. Es fühlte sich auch niemand so recht verantwortlich für mich und dadurch lernte ich anfänglich nicht so viel, wie ich mir gewünscht hätte. Nach einigen Tagen versuchte ich mich aktiver einzubringen und fragte, ob sich mein Aufgabenbereich nicht erweitern ließe. Dies gestaltete sich etwas schwierig. Mir war klar, dass ich nicht die fachliche Kompetenz besaß, die Frauen zu beraten, aber nur die Tür zu öffnen war mir dann doch zu langweilig. Da ich vor meinem Studium eine Pflegeausbildung abgeschlossen hatte, traute man mir zu, dass ich mich bei der Aids-Aufklärungsarbeit beteiligen könne. Das war dann wesentlich abwechslungsreicher. Ich durfte bei den Menschen in den Townships HIV-Tests durchführen und sie zur HIV-Prävention beraten.

Was waren in der Zeit die größten Herausforderungen für dich?

Sandra: Die Herausforderungen haben eigentlich schon in Deutschland begonnen. Meine Hochschule hatte zu dem Zeitpunkt keine umfassenden Strukturen geschaffen, um Studierende bei einem Auslandspraktikum zu unterstützen. Somit musste ich mich selbst über eine Agentur für die Stelle in Johannesburg kümmern. Die Kosten habe ich auch vollständig übernommen. Vielleicht hätte ich mich für ein Auslandsstipendium bewerben könne, aber das habe ich zu dem Zeitpunkt irgendwie versäumt. Und dann musste ich natürlich damit klarkommen, dass in Südafrika nicht alles so organisiert und strukturiert ist wie in Deutschland. Auch, dass ich mir den Aufgabenbereich in meinem Praktikum selbst aktiv ausgestalten musste, war gar nicht so einfach.

Welche Kosten kamen auf dich zu?

Sandra: Ich musste für die vermittelnde Agentur, den Flug sowie Kost und Logis aufkommen. Hinzu kamen Kosten für Freizeitaktivitäten und das Reisen im Land. Ganz genau kann ich es nicht mehr sagen, aber ich schätze, dass ich insgesamt etwas mehr als 3.500 € gebraucht habe. Dafür war ich aber auch fast fünf Monate in Südafrika.

Was hat dir am besten gefallen?

Sandra: Es war toll, Land und Leute wirklich kennenzulernen. Als Tourist bekommt man einfach nicht so viel mit. Ich würde auch sagen, dass mein Selbstbewusstsein durch die Erfahrung gestiegen ist. Ich weiß, dass ich darauf vertrauen kann, in jeder Lebenssituation zurechtzukommen. Meine Englischkenntnisse konnte ich zudem enorm verbessert. Besonders schön waren die vier Wochen nach dem Praktikum bis zum Zeitpunkt meines Rückfluges. Diese konnte ich nutzen, um innerhalb des Landes zu reisen. Auch wenn ich immer wieder auf neue Herausforderungen gestoßen bin, so hat es mir für mein Studium und mein Leben enorm viel gebracht. Mich wirft eigentlich nichts mehr aus der Bahn und ich würde es immer wieder machen!

8.4 Bewerbung und Vorstellungsgespräch

Das Bewerbungsschreiben

Eine Bewerbung für einen Praktikumsplatz unterscheidet sich kaum zu jeder anderen Bewerbung. Auch wenn es Arbeit bedeutet: Eine ordentliche und vollständige Bewerbung ist die Voraussetzung, um überhaupt zu einem Vorstellungsgespräch eingeladen zu werden! Außerdem schadet es nie, immer einen vollständigen Lebenslauf parat zu haben. Diesen kannst du immer wieder heranziehen und weiter aktualisieren. Prüfe zunächst, ob das Unternehmen, bei dem du dich bewerben möchtest, ein eigenes Portal für Bewerbungen hat.

Wesentliche Bestandteile einer Bewerbung:
- Deckblatt
- Anschreiben
- Lebenslauf
- Anhang (z. B. Schulabschlusszeugnisse, bisherige Arbeitszeugnisse)

Das Deckblatt

Das Deckblatt sollte so gestaltet sein, dass sich auf den ersten Blick ein paar Angaben zu deiner Person erkennen lassen und für welche Art von Praktikum du dich bewirbst. Bei der Gestaltung deines Deckblattes kannst du etwas ideenreicher werden. Vor allem dann, wenn du dich für einen kreativen Praktikumsplatz bewirbst. Auch wenn es mittlerweile nicht zwingend notwendig ist, ein Bewerbungsfoto einzufügen, so hat es wesentlich mehr Vorteile, eine Bewerbung mit als ohne Foto zu versenden. Solltest du dich für ein Foto entscheiden, so überlege dir gut, welches Foto du auswählst: Bei einer Bewerbung für einen Praktikumsplatz bei einer Unternehmensberatung, ist ein Foto aus deinem letzten Urlaub eher unangemessen.

Mögliche Inhalte für dein Deckblatt:
- Name, Adresse, Telefonnummer, E-Mailadresse
- Bewerbungsfoto
- Betreff der Bewerbung

Das Anschreiben

Im Anschreiben geht es um die Motivation und das Interesse für die Praktikumsstelle. Struktur und Aufbau spielen eine ausschlaggebende Rolle. Es sollte auf eine DIN-A4-Seite passen und einen guten Einblick über deine Persönlichkeit, deine Motivation, deine Skills und deine Vorstellungen zur Dauer, dem Zeitraum und ggf. zur Gehaltsvorstellung geben. Sollten in einer Stellenausschreibung Angaben zu geforderten Fähigkeiten aufgeführt werden, solltest du auf jeden Aspekt eingehen und erklären, warum du dafür geeignet bist.

Inhalte für dein Anschreiben

Briefkopf: Im Briefkopf (oben links) schreibst du deine Kontaktdaten. Darunter listest du die Empfängerdaten auf.

Datum: Das Datum wird rechtsbündig leicht versetzt unter die Empfängerdaten positioniert. Hier solltest du das Versanddatum wählen.

Betreffzeile: Bevor du mit der persönlichen Anrede startest, schreibst du in eine Zeile den Betreff deiner Bewerbung. Dieser kann z. B. wie folgt lauten: „Bewerbung um einen Praktikumsplatz als XY". Sollte die Stellenausschreibung eine Kennziffer haben, kannst du diese in der Betreffzeile aufführen.

Persönliche Anrede: Verzichte auf die Anrede „Sehr geehrte Damen und Herren". Das ist nicht nur unpersönlich, sondern zeigt, dass du dir nicht die Mühe gemacht hast, den Namen der Person herauszufinden, an die die Bewerbung adressiert ist. Schaue auf der Homepage oder direkt bei der Stellenanzeige nach, an wen du die Bewerbung richten sollst. Wenn du nicht fündig wirst, nimm den Telefonhörer in die Hand und erkundige dich bei dem Unternehmen nach dem Namen.

Einleitung: In der Einleitung erwähnst du, warum das Unternehmen und die Stelle dein Interesse geweckt haben. Zudem kannst du einen Hinweis geben, warum du die richtige Person für die Stelle bist.

Hauptteil: Im Hauptteil des Anschreibens verweist du auf deine Qualifikationen und Soft Skills, die du besitzt. Diese kannst du durch bisherige berufliche Erfahrungen untermauern. Nun musst du deine Fähigkeiten, mit den Fähigkeiten, die in dem Praktikum verlangt werden, in Verbindung setzen. Verzichte darauf, lediglich die Fakten auszuformulieren, die du in deinem tabellarischen Lebenslauf erwähnst.

Schlussteil: Zum Ende erwähnst du deine Verfügbarkeit und erläuterst ggf. kurz deine Vorstellung zum Verdienst.

Gruß: Als Grußworte eignen sich „Mit freundlichen Grüßen" oder „Mit freundlichem Gruß".

Unterschrift: Bei der Unterschrift solltest du dir die Mühe machen, eine handschriftliche Unterschrift unter dein Anschreiben zu setzen. Notfalls musst du das Schreiben ausdrucken, unterschreiben und wieder einscannen.

Der tabellarische Lebenslauf

Mittlerweile ist es untypisch, einen Lebenslauf in Textform zu verfassen. Es werden tabellarische Lebensläufe gefordert, bei denen alle Informationen stichpunktartig aufgeführt sind. Üblicher ist es, den Lebenslauf antichronologisch aufzubauen. Du beginnst nicht mit deiner Kindergarten- oder Grundschulzeit (auf die du ohnehin verzichten kannst, da es weitgehend logisch ist, dass man die Grundschule besucht hat, wenn man einen Schulabschluss hat), sondern mit deiner letzten Station. Das hat den Vorteil, dass die kürzer zurückliegenden – und meist interessanteren – Tätigkeiten und Bildungswege stärker in den Vordergrund gerückt werden. Ein vollständiger tabellarischer Lebenslauf besteht aus diesen Inhalten:

- Persönliche Kontaktdaten
- Beruflicher Werdegang (inkl. Praktika und Nebenjobs)
- Angaben zur schulischen und akademischen Laufbahn
- Kenntnisse (z. B. Fremdsprachenkenntnisse)
- Interessen (z. B. Literatur, Kultur, Radfahren)
- Ggf. soziales Engagement (vor allem bei Bewerbungen im sozialen Bereich)

Der Anhang

Im Anhang solltest du deine bisherigen, relevanten Zeugnisse einfügen (Schulabschluss, abgeschlossene Berufsausbildung, Arbeitszeugnisse etc.). Achte beim Versenden (insofern du es postalisch versendest), dass du auf keinen Fall Originale verschickst! Lade beim Mailversand nicht unzählige einzelne PDF-Dateien als Anhang hoch. Für die Person, die deine Bewerbung annimmt, ist es oft sehr umständlich, jede einzelne Datei zu öffnen. Besser: Fasse zusammenpassende Anhänge in eine PDF (z. B. alle Zeugnisse). Das lässt sich ganz einfach mit gängigen PDF-Convertern machen, die du im Internet findest.

Das Vorstellungsgespräch

Deine Bewerbungsunterlagen konnten überzeugen und du hast einen Termin für ein Vorstellungsgespräch bekommen? Herzlichen Glückwunsch, die erste Hürde ist geschafft! Aber auch beim Vorstellungsgespräch gibt es einige Punkte zu berücksichtigen.

Vorbereitung

Informiere dich im Vorfeld ausführlich über das Unternehmen deiner Wahl. Durchforste das Internet und die Homepage des Unternehmens und schreibe dir unmittelbar Fragen auf, die du stellen möchtest. Das kommt im Bewerbungsgespräch immer gut an. Häufig wirst du direkt zu Beginn des Gespräches gefragt, warum du dich genau für dieses Unternehmen beworben hast und was du schon über das Unternehmen bzw. über eine bestimmte Abteilung weißt. Weitere mögliche Fragen können sein:

- Wie bist du auf das Unternehmen aufmerksam geworden?
- Wo siehst du deine Stärken?
- Wo siehst du dein Entwicklungspotenzial?
- Welche Studieninhalte bereiten dir am meisten Freude? Weshalb?
- Welche Studieninhalte bereiten dir am wenigsten Freude? Weshalb?
- Was möchtest du konkret im Praktikum lernen?
- Wie kannst du dich während des Praktikums in das Unternehmen einbringen?
- Würdest du dich als teamfähig beschreiben? Wenn ja, warum?
- Warum sollte man dich einstellen?
- Wo siehst du dich in fünf Jahren?
- Welche Gehaltsvorstellung hast du?

Gibt es einen Dresscode für das Vorstellungsgespräch?

Auch hier gilt: Der erste Eindruck zählt. Achte auf ordentliche, sauber Klamotten und saubere Schuhe. Darüber hinaus sollten deine Haare gewaschen und du frisch geduscht sein. Alles Weitere hängt davon ab, wo du dich bewirbst. Möchtest du dein Praktikum in einem Versicherungsunternehmen machen, wirst du dich eher etwas in Schale schmeißen und ein Hemd bzw. eine Bluse anziehen. Solltest du dich bei einem Start-up-Unternehmen beworben haben, das trendige Klamotten herstellt, dann kannst du wesentlich kreativer sein. Bei der Wahl deines Outfits solltest du Klamotten vermeiden, auf denen sich leicht Schweißflecken abzeichnen (z. B. grau melierte T-Shirts oder hellblaue Business-Hemden). Ein Blick auf die Homepage des Unternehmens, auf der sich das Team vorstellt, hilft dir, ein Gespür für die Wahl der Kleidung zu bekommen.

Wie lange dauert ein Vorstellungsgespräch?
Meistens dauert ein Vorstellungsgespräch etwa eine Stunde. Sei unbedingt pünktlich und rechne genügend Pufferzeit bei der Anreise ein. Lieber setzt du dich noch für eine Stunde in ein gegenüberliegendes Café, als abgehetzt oder zu spät zum Vorstellungstermin zu kommen. Sollte aus irgendwelchen Gründen etwas Unvorhergesehenes eintreten, verliere nicht die Nerven. Rufe umgehend bei dem Unternehmen an und erkläre den Grund deiner Verspätung.

Extra-Tipps für deine Bewerbung

- Achte unbedingt darauf, dass deine Bewerbung frei von Rechtschreib- und Grammatikfehlern ist. Lass deine Bewerbung sicherheitshalber von jemandem durchlesen, der sich damit auskennt.
- Bereite dich akribisch auf dein Vorstellungsgespräch vor. Überlege dir Antworten auf mögliche Fragen, die dir gestellt werden können und überlege dir selbst Fragen zum Unternehmen und zur Tätigkeit.
- Präsentiere dich selbstbewusst, trage aber nicht zu dick auf. Das kann schnell unsympathisch wirken.
- Sei höflich und vermeide es, negativ über vorherige Arbeitgeber zu sprechen.
- Gute Themen für das Vorstellungsgespräch können die Schwerpunkte, die du im Anschreiben oder im Lebenslauf setzt oder das Thema deiner Abschlussarbeit sein.

8.5 Das Auslandssemester

Ein Auslandssemester macht sich nicht nur hervorragend in deinem Lebenslauf, es ermöglicht dir darüber hinaus andere Kulturen, Menschen und Sprachen kennenzulernen. Außerdem hast du während deines Auslandssemesters die Chance, ein internationales Netzwerk aufzubauen. Wenngleich viele Studierende während des Studiums nicht viel Geld zur Verfügung haben – so einfach kommst du nicht mehr ins Ausland! Vor allem, wenn deine Hochschule eine Partneruni im Ausland hat, ist der organisatorische Aufwand überschaubar.

Sollte deine Hochschule keine Partneruni haben bzw. keine in deinem bevorzugten Land, kannst du als Freemover oder Freemoverin im Ausland studieren. Die Homepage der International Education for Global Minds (IEC) hilft dir beim Finden der richtigen Universität für dein Auslandssemester. Hier geht's zur Homepage der IEC:

QR-Code: Passende Universität für das Auslandssemester finden

Deutschland zählt zu den beliebtesten Ländern für ein Auslandssemester innerhalb der Europäischen Union (EU) und reiht sich bei den Bachelor-Studierenden direkt hinter Spanien ein. Bei den Master-Studierenden führt Frankreich das Ranking an.

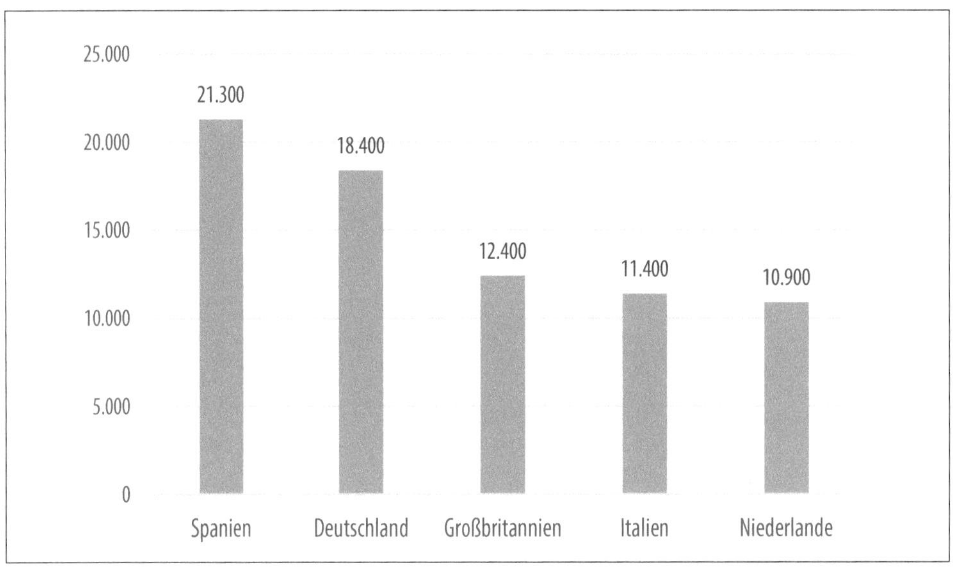

Abbildung 3: Die beliebtesten EU-Länder für Auslandssemester von Bachelor-Studierenden (Suhr, 2019)

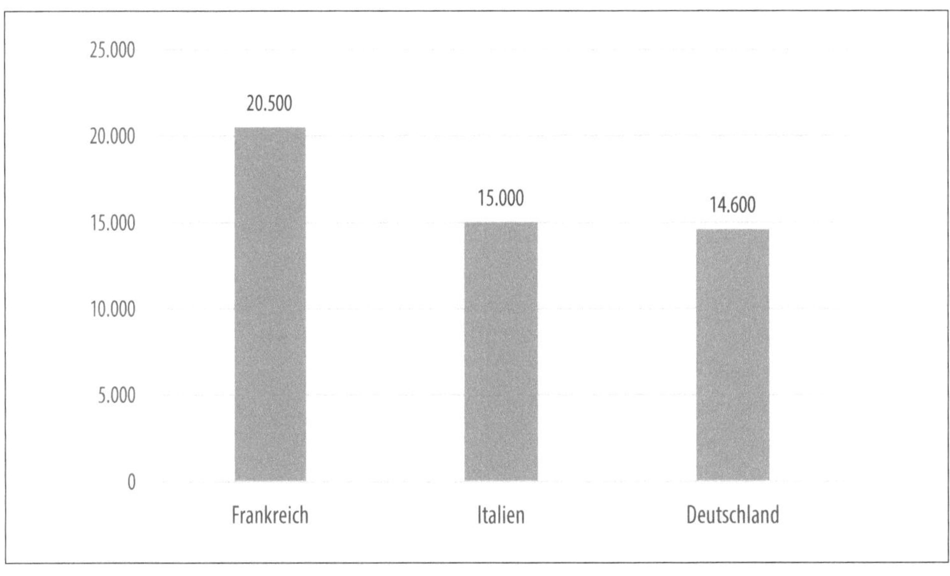

Abbildung 4: Die beliebtesten EU-Länder für Auslandssemester von Master-Studierenden (Suhr, 2019)

Welche Kosten kommen im Auslandssemester auf mich zu?

Die Kosten für ein Auslandssemester lassen sich nur schwer pauschalisieren. Sowohl die Studiengebühren als auch die Lebenshaltungskosten variieren von Land zu Land. So sind die Lebenshaltungskosten und die Studiengebühren in den meisten Ländern Asiens oft günstiger als in Nordamerika oder Ozeanien.

Wie kann ich ein Auslandssemester finanzieren?

Grundsätzlich gibt es bei einem Auslandssemester ähnliche Finanzierungsmöglichkeiten wie bei einem Auslandspraktikum. Das Auslands-BAföG ist eine finanzielle Förderung, die im europäischen und im außereuropäischen Ausland greift. Studierende, die in Deutschland BAföG erhalten, bekommen auch das Auslands-BAföG. Selbst Studierende, die kein Inlands-BAföG erhalten, haben die Möglichkeit der finanziellen Unterstützung für ein Auslandssemester. Für das europäische Ausland bietet das Erasmus+-Programm eine gute und einfache finanzielle Unterstützung.

8.6 Erasmus+

Das Erasmus+ ist ein Förderprogramm der Europäischen Union für allgemeine und berufliche Aus- und Weiterbildung, Jugend und Sport. Ziel ist es, die Mobilität von Lernenden unabhängig von ihrer sozialen Herkunft zu unterstützen. Bekannt ist das Programm hauptsächlich für das Fördern von Studienaufenthalten im Ausland. Erasmus unterstützt auch Auslandspraktika, insofern sie für das Studium relevant sind.

Die Anzahl der Erasmus-Studierenden erfreut sich einer immer stärkeren Beliebtheit. Während es im Hochschuljahr 1987/88 gerade einmal 657 Erasmus-Studierende gab, so absolvierten im Hochschuljahr 2019 bereits 33.790 deutsche Studierende über das Erasmus-Programm ein Auslandssemester (Rudnicka, 2022).

Falls du dich um ein Erasmus-Stipendium bewerben willst, machst du das am besten direkt über deine Hochschule. Erkundige dich frühzeitig, da die Bewerbungsfrist in der Regel nur einmal im Jahr ist.

Bei deiner Bewerbung für ein Erasmus-Programm benötigst du folgende Unterlagen:

- Motivationsschreiben
- Nachweis über deine bisherigen Studienleistungen
- Nachweis über deine Sprachkenntnisse
- Lebenslauf
- Ggf. Empfehlungsschreiben deiner Hochschule

Pro und Kontra eines Auslandssemesters mit Erasmus über deine Hochschule

⊕ Vorteile

- Es fallen keine zusätzlichen Studiengebühren an der Hochschule im Ausland an.
- Die Anrechnung der im Ausland besuchten Kurse werden dir im Normalfall an deiner Hochschule angerechnet.
- Der organisatorische Aufwand ist verhältnismäßig gering.
- Bei Fragen oder Problemen kann dich deine Hochschule unterstützen.

⊖ Nachteile

- Die Auswahl der Partnerhochschulen ist begrenzt.
- Die Kooperationen gelten nicht unbedingt für alle Fachbereiche.
- Es werden möglicherweise nicht alle belegten Kurse im Ausland an deiner Heimathochschule angerechnet.
- Die Bewerbungsfrist endet frühzeitig.
- Aus Kapazitätsgründen erhalten ggf. nicht alle Interessenten einen Platz.

9. Finale oho! Finale ohohoho! Wie du deine Abschlussarbeit mit links schaffst

Das erwartet dich in diesem Kapitel:

9.1 Die Preparing-phase	9.2 Thema, Forschungs-frage, Gliederung, Exposé, Zeitplan	9.3 Literaturrecherche durchführen
9.4 Aufbau der Arbeit, Schreibphase, Korrektur	9.5 Richtig zitieren, Plagiate vermeiden	9.6 Schreibblockade überwinden, ins Schreiben kommen

9.1 Die Preparingphase

Die Vorbereitungsphase für deine Abschlussarbeit sollte nicht erst am Tag der Anmeldung beginnen. Wenn du möglichst stressfrei durch die Zeit kommen möchtest, in der du deine Abschlussarbeit schreibst, kannst du dich schon einige Wochen vor der Anmeldung vorbereiten, indem du dich mit folgenden Fragen auseinandersetzt:

- Welche Art der Abschlussarbeit bevorzugst du? Theoretische Arbeit (Literaturarbeit) oder empirische Arbeit?
- In welchem Semester musst du die Arbeit schreiben?
- Bis wann musst oder möchtest du die Arbeit anmelden?
- Wo musst du die Arbeit anmelden? (z. B. Prüfungsamt)
- Wie musst du die Arbeit anmelden? (z. B. Anmeldeformular)
- Wie lange hast du Zeit zum Schreiben? (z. B. zwölf Wochen)
- In welcher Sprache musst oder willst du die Arbeit verfassen?
- Bis wann musst du die Arbeit abgeben?
- In welcher Form musst du die Arbeit abgeben? (z. B. gebunden, digital, Anzahl der Exemplare)
- Wer betreut deine Arbeit?
- Wie wird die Arbeit insgesamt gewichtet? (z. B. zwölf ECTS)
- Bis zu welcher Note hast du bestanden? (z. B. mind. 4,0)
- Welche Kriterien werden bei der Beurteilung herangezogen? (z. B. Inhalt 70 %, Stil 20 %, Form 10 %)

- Wie viele Seiten musst du schreiben? (z. B. 30–40 Seiten)
- Sind bei der Anzahl der Seiten das Literaturverzeichnis und der Anhang eingerechnet?
- Was musst du bei der Formatierung beachten? (Schriftart? Schriftgröße? Zeilenabstand? Ränder?)
- Welche Form des Genderns wird erwartet bzw. möchtest du verwenden?
- Welche Bestandteile der Arbeit musst du berücksichtigen? (Titelblatt, Inhaltsverzeichnis, Abbildungsverzeichnis, Tabellenverzeichnis, Abkürzungsverzeichnis, Gliederung etc.)
- Wie sieht die korrekte Zitierweise aus? (APA oder Harvard? Mit Fußnoten oder ohne?)

Viele dieser Fragen lassen sich anhand der Vorgaben der Studien- und Prüfungsordnung deiner Hochschule beantworten.

Skills aneignen

Besonders klug ist es, sich bestimmte Fähigkeiten vor dem Schreiben der Abschlussarbeit anzueignen, wie z. B. der Umgang mit einem Literaturverwaltungsprogramm.

Beispiele für Kurse, in denen du nützliche Skills erwerben kannst:

- Literaturverwaltungsprogramm z. B. Citavi, Endnote, Zotero
- Textverarbeitungsprogramm z. B. Word
- Programm zur Tabellenkalkulation und -darstellung z. B. Excel
- Präsentationsprogramm z. B. Powerpoint, Prezi, Canva
- Auswertungsprogramm z. B. MAXQDA für die qualitative Forschung oder SPSS zur statistischen Auswertung
- Seminar zum wissenschaftlichen Arbeiten z. B. systematische Literaturrecherche, qualitatives Forschen, quantitatives Forschen
- Bibliothekskurs:
  - Wie funktioniert die Fernleihe?
  - Welche Bücher kannst du jetzt schon vormerken?
  - Wie funktioniert der OPAC deiner Hochschulbibliothek?

Arbeitsplatz perfekt vorbereiten und ausstatten

Nicht zu unterschätzen ist ein gut ausgestatteter und aufgeräumter Arbeitsplatz. Du wirst nun mehrere Stunden, Wochen, Tage an deinem Schreibtisch verbringen. Prüfe deshalb folgende Punkte:

- Einwandfrei funktionsfähiges Laptop mit funktionierendem Betriebssystem
- Bestehender Zugang zu benötigten Programmen (z. B. Datenbanken für Literaturrecherche)
- Ggf. Whiteboard, Flipchart, selbstklebende Folien oder elektrostatische Haftnotizzettel

- Ausreichende Beleuchtung
- Guter Stuhl
- Zweiter Bildschirm (Alternative: Bildschirm teilen mit Windowstaste + Pfeiltaste rechts oder links)

9.2 Thema finden, Forschungsfrage formulieren, Gliederung und Exposé erstellen

Das passende Thema für die Abschlussarbeit finden

Das richtige Thema für die Abschlussarbeit oder die Semesterarbeit zu finden, kann mitunter eine richtig kniffelige Angelegenheit sein. Es ist somit ratsam, sich mit der Frage nach einem geeigneten Thema intensiver zu beschäftigen. Schließlich darfst du dich möglicherweise mehrere Wochen oder sogar Monate mit dem Thema auseinandersetzen. Doch wie findet man ein passendes Thema?

- Das Thema wird vorgegeben.
- Das Thema hat einen aktuellen Bezug.
- Du hast einen persönlichen Bezug zum Thema.
- Du hast bereits etwas zu dem Thema im Studium erarbeitet.
- Du tauschst dich mit Kommilitonen über mögliche Themen aus.
- Du durchforstest die Unibibliothek nach Abschlussarbeiten und lässt dich inspirieren.

Um ein Thema zu finden, kann dir auch eine allererste Literaturrecherche helfen. Für eine grobe Übersicht kannst du folgende Informationsquellen verwenden:

- Google und Google Scholar
- Wikipedia
- ChatGPT
- YouTube
- Vorlesungsunterlagen
- Zeitungen

Natürlich kann man auch gleich zu Beginn mit entsprechenden Suchbegriffen in Datenbank suchen, um herauszufinden, ob es zu dem Thema viel oder wenig wissenschaftliche Literatur gibt. Ebenfalls lässt sich gut ein erster Überblick verschaffen, indem man die Suchbegriffe bei Google Books eingibt. Einige Bücher bieten eine umfangreiche Vorschau. Sollte es keine Vorschau geben oder werden nicht alle relevanten Seiten in der Leseprobe angezeigt, kann man sich das Buch über die Unibibliothek bestellen.

Extra-Tipp: Wenn es dir gelingt, kannst du auch einen Schritt weiterdenken. Bist du gerade an deiner Bachelorarbeit und weißt jetzt schon, dass du im Anschluss noch ein Masterstudium absolvieren möchtest? Vielleicht gibt es ein Thema für die Bachelorarbeit, das sich möglicherweise für eine Masterarbeit ausweiten lässt? Je höher der akademische Abschluss, desto stärker positionierst du dich mit dem Thema deiner Abschlussarbeit. Ggf. ist das auch ein interessanter Aspekt für deinen künftigen Arbeitgeber, da du dir im Zuge einer Abschlussarbeit immer eine enorme Expertise aneignest.

Vom Thema zur Forschungsfrage

Im Zuge einer Seminar- oder Abschlussarbeit kommt irgendwann der Punkt, an dem man sich mit der Forschungsfrage auseinandersetzen muss. Doch, was ist eigentlich eine Forschungsfrage? Braucht man überhaupt eine Forschungsfrage für die Abschlussarbeit? Wie entwickelt man eine Forschungsfrage? Was ist eine gelungene Forschungsfrage? Worauf ist bei der Formulierung der Forschungsfrage zu achten? Was ist der Unterschied zwischen einem Thema und einer Forschungsfrage?

Was ist eine Forschungsfrage?

Bei der Forschungsfrage handelt es sich um die Fragestellung, die in einer Abschlussarbeit untersucht und am Ende einer wissenschaftlichen Arbeit beantwortet wird. Durch die Beantwortung der Forschungsfrage leistest du einen Beitrag, neue Erkenntnisse in den wissenschaftlichen Kontext einfließen zu lassen. Die Forschungsfrage leitet dich durch deinen Forschungsprozess und verhilft dir dabei, dich zu fokussieren und dein Ziel nicht aus den Augen zu verlieren. Sie grenzt somit dein Forschungsthema ein, was wiederum die Voraussetzung für eine gezielte Literaturrecherche ist. Im Gegensatz zum Thema ist die Forschungsfrage aber wesentlich präziser. Die Forschungsfrage hilft nicht nur dir, strukturiert vorzugehen, sie ermöglicht es auch Lesenden," statt „gibt auch dem Leser und der Leserin die Möglichkeit, deinen Gedanken systematisch zu folgen.

Forschungsfrage formulieren

Gehen wir davon aus, du hast dein Thema für deine wissenschaftliche Arbeit bereits grob umrissen.

> **Beispiel für ein Thema:** Einsatz digitaler Medien in der Grundschule.

So gelangst du nun vom Thema zur Forschungsfrage:

1. Schritt: Grenze dein Thema ein

Das Thema einer Abschlussarbeit umreißt lediglich grob den Gegenstandsbereich. Um von einem Thema zu einer Forschungsfrage zu gelangen, benötigt man eine konkrete Problemstellung. Man könnte sich nun einen ersten Überblick über die bisher veröffentlichte Literatur verschaffen und sich im Zuge des Lesens weitere Fragen stellen:

- Geht es um den Einsatz digitaler Medien im Unterricht?
- Geht es um die Schülerinnen und die Schüler?
- Geht es um die Lehrerinnen und die Lehrer?
- Geht es um ein bestimmtes Fach?

Du kannst dein Thema auch durch weitere Aspekte begrenzen:
- Geografische Aspekte (z. B. in Berlin)
- Zeitliche Aspekte oder Epochen (z. B. ab 2010)
- Merkmale von Personen (z. B. Grundschülerinnen und Grundschüler in der 1. Klasse)

2. Schritt: Verwende die richtigen Fragewörter
Häufig wird darauf hingewiesen, dass sich W-Fragen besonders gut für die Formulierung von Forschungsfragen eignen (u.a. Lieberknecht & May, 2019, 43; Karmasin & Ribing, 2017, 25). Allerdings eignen sich einige Fragestellungen noch besser als andere. Aus eigener Erfahrung würde ich folgende Frageworte für die Formulierung bevorzugt verwenden:
- Wie
- Inwiefern
- Inwieweit

Frageworte wie z. B. „Wer" oder „Wann" engen die Beantwortung der Frage zu stark ein.

Aus dem Thema „Einsatz digitaler Medien in der Grundschule" könnte nun diese Forschungsfrage entstehen:

> **Forschungsfrage:** Wie schätzen Grundschullehrerinnen und Grundschullehrer ihre digitale Medienkompetenz im Fach Mathematik ein?

Weitere Dos & Don'ts für deine Forschungsfrage und dein Thema

- Treffe frühzeitig Absprachen mit deinem Betreuer oder deiner Betreuerin.
- Entwickle nicht zu viele Forschungsfragen (Daumenregel: Hausarbeit und Bachelorarbeit haben ein bis zwei Forschungsfragen).
- Unterfragen können die (Haupt-)Forschungsfrage präzisieren.
- Die Forschungsfrage darf nicht mit „ja" oder „nein" zu beantworten sein.
- Die Forschungsfrage muss das Thema widerspiegeln.
- Die Forschungsfrage sollte nicht zu lange und zu verschachtelt sein.
- Prüfe, ob sich Füllwörter streichen lassen.
- Die Forschungsfrage darf nicht zu allgemein sein.
- Prüfe, ob es bereits Literatur zu deinem Thema gibt.
- Prüfe, ob dein Thema nicht schon zu häufig beforscht wurde.

- Die Forschungsfrage steht (neben dem Ziel der Forschungsarbeit) am Ende der Einleitung.
- Die Forschungsfrage ist dein Leitfaden für all deine Kapitel. Versuche am Ende eines jeden Kapitels die Rückkopplung zu deiner Forschungsfrage herzustellen.
- Die Forschungsfrage wird im Diskussionsteil beantwortet, indem sie mit der Literatur aus dem Theorieteil in Bezug gesetzt wird.
- Im Fazit wird die Forschungsfrage abschließend beantwortet.

Gliederung erstellen

Bevor du mit einer Abschlussarbeit beginnst, solltest du dir Zeit nehmen, um eine Gliederung zu erstellen. Eine Gliederung ist das A und O, um strukturiert vorzugehen. Zudem behältst du dadurch immer den Überblick. Selbstverständlich ist eine anfänglich erstellte Gliederung kein starres Konstrukt, das nicht mehr verändert werden darf!

Das Grundgerüst einer Gliederung für eine wissenschaftliche Arbeit besteht im Wesentlichen aus drei Bestandteilen:
- Einleitung
- Hauptteil
- Schluss

Konkret könnte eine Gliederung so aussehen:
- Deckblatt
- Abstract
- Ggf. Danksagung
- Inhaltsverzeichnis
- Abkürzungsverzeichnis
- Abbildungsverzeichnis
- Tabellenverzeichnis
- Einleitung
- Theorieteil
- Methodenteil
- Ergebnisteil
- Diskussion
- Fazit
- Literaturverzeichnis
- Anhang
- Eidesstattliche Erklärung

Automatisierte Gliederung erstellen

Ich würde dir auf jeden Fall empfehlen, eine automatisierte Gliederung zu erstellen. Es ist wirklich kinderleicht! Schaue dir am besten das Video dazu an, wie du eine Gliederung in Word in nur einer Minute erstellst:

QR-Code: Erklärvideo – Automatische Gliederung erstellen

Exposé schreiben und Zeitplan für die Abschlussarbeit erstellen

Was ist ein Exposé?

Das Exposé ist das Grundgerüst, das einen ersten Überblick über den Inhalt und die Zeitplanung deiner Abschlussarbeit gibt. Es ist sozusagen der Fahrplan, der aber verändert und angepasst werden kann. Im Schnitt ist das Exposé für eine Bachelorarbeit etwa 3–5 Seiten lang und dient als Leitfaden für deine wissenschaftliche Arbeit.

Wie ist ein Exposé aufgebaut?

Bestandteile des Exposés	Inhalt
Deckblatt	S. u. Vorlage: Exposé
Problemstellung und Darstellung des Themas	Darstellung des Forschungsthemas und der Relevanz des Themas
Zielsetzung und Erkenntnisinteresse	Ziel der Forschung und Bedeutsamkeit
Forschungstand und theoretische Grundlagen	Kurze Vorstellung des aktuellen Forschungsstandes und der theoretischen Grundlagen
Forschungsfrage(n)	Formulierung der Forschungsfrage(n)
Forschungskonzept	Darstellung des Konzepts und der Methode, mit der die Forschungsfragen beantwortet werden sollen
Gliederung	Vorstellung der Gliederung
Zeitplan	Darstellung des Zeitplans der Abschlussarbeit
Literaturverzeichnis	Aufführen der im Exposé verwendeten Literatur

In der Regel erhältst du von deiner Hochschule Vorgaben, wie ein Exposé aufgebaut sein soll, wie das Deckblatt auszusehen hat und welchen Umfang es besitzen soll. Solltest du hierzu keine Vorgaben bekommen, kannst du dich an dieser Vorlage für ein Exposé orientieren:

Vorlage: Exposé

DOI: 10.36198/9783825261269-m11

Zeitplan für die Abschlussarbeit erstellen

Du benötigst für deine Abschlussarbeit einen Zeitplan für die jeweiligen Phasen. Ohne diesen verlierst du möglicherweise den Überblick. Den Zeitplan kannst du handschriftlich oder digital erstellen. Hier findest du eine Vorlage für die Erstellung einer Bachelorarbeit in zwölf Wochen. Du kannst ihn auf deine Bedürfnisse abstimmen und ihn selbstverständlich auch für eine Seminararbeit oder eine Masterarbeit anpassen.

Vorlage: Zeitplan Abschlussarbeit

DOI: 10.36198/9783825261269-m12

9.3 Literaturrecherche durchführen

Die Literaturrecherche gilt als wesentlicher Aspekt einer wissenschaftlichen Arbeit, der zu Beginn sorgfältig durchgeführt werden muss. Das bedeutet nicht, dass alle Bücher und Artikel, die man zu einem bestimmten Thema findet, auch von A bis Z komplett durchgelesen werden müssen. Dennoch empfiehlt es sich, strukturiert vorzugehen. Wichtig ist, alles sorgfältig zu dokumentieren. Literaturverwaltungsprogramme, wie z. B. Citavi oder Zotero können eine systematische Vorgehensweise unterstützen. Mit den Programmen kann man nicht nur schnell in Katalogen und Fachdatenbanken der jeweiligen Bibliotheken suchen, es lassen sich auch die wichtigsten Ergebnisse eines Textes zusammenfassen. Darüber hinaus hilft das Programm beim Zitieren und bei der Erstellung eines Literaturverzeichnisses. Grundsätzlich lassen sich bei der Literaturrecherche zwei Arten differenzieren: die unsystematische und die systematische Literaturrecherche.

Die unsystematische Literaturrecherche

Bei der unsystematischen Recherche beginnt man mit einer bestimmten Quelle. Das könnte ein wissenschaftlicher Artikel aus einem Peer-reviewed Journal sein. Anhand dieses Artikels gehst du nun nach dem „Schneeballprinzip“ vor. Oft finden sich in dem

Literaturverzeichnis des vorhandenen Artikels weitere interessante Quellen, die für deine Abschlussarbeit relevant sein können. Dadurch gelingt es dir, in kurzer Zeit einen guten Überblick zu der aktuellen Forschungslage zu erhalten. Bei der unsystematischen Literaturrecherche handelt es sich tendenziell um eine subjektive Auswahl der Literatur.

Selbst bei der unsystematischen Literaturrecherche solltest du dir unbedingt zu folgenden Punkten einen Vermerk machen:

- Autor oder Autorin (inkl. Vorname)
- Titel
- Erscheinungsjahr
- Medium (Buch, Journal etc.)
- Verlag und Erscheinungsort
- Ggf. weitere Notizen (z. B. wie du auf die Literatur gestoßen bist)

Die systematische Literaturrecherche

Um eine systematische Literaturrecherche durchzuführen, empfiehlt es sich, bereits eine konkrete Forschungsfrage entwickelt zu haben. In der Regel geht hier eine unsystematische Literaturrecherche voraus. Aus der Forschungsfrage werden dann Suchbegriffe abgeleitet, die in Datenbanken eingegeben werden. Die Suche lässt sich ideal durch weitere Einschluss- und Ausschlusskriterien einschränken.

Vorgehensweise bei der systematischen Literaturrecherche

1. Forschungsfrage festlegen

Beispiel für eine Forschungsfrage: „Welche Entlastungsangebote werden für pflegende Angehörige, die eine an Demenz erkrankte Personen in der häuslichen Pflege versorgen, in der Literatur dargestellt?"

2. Suchbegriffe bestimmen und Ein- und Ausschlusskriterien festlegen

Beispiele für Suchbegriffe: Pflegende Angehörige, Demenz, häusliche Pflege, caregivers, dementia, caregiver support, intervention, home care, health home care

Beispiele für Ein- und Ausschlusskriterien:

Kriterien	Einschluss	Ausschluss
Population	Pflegende Angehörige und demenziell erkrankte Personen	Personen unter 18 Jahre (sowohl pflegende Angehörige als auch Erkrankte)
Maßnahmen	Entlastende und unterstützende Angebote für pflegende Angehörige	Medikamentöse Angebote, finanzielle Unterstützung, Spiritualität und Glaube
Setting	Häusliche Pflege	Versorgungsmöglichkeiten außerhalb der häuslichen Pflege
Publikationsjahr	Ab 2018	Veröffentlichungen vor 2018
Studiendesign	Evidenzgrad: I-IV	Evidenzgrad: V
Sprache	Deutsch, Englisch, Studien mit vorhandenem Abstract	Fremdsprachige Studien, Studien ohne Abstract

Das PICO(S)-Schema zum Ein- und Ausschluss von Kriterien

Vor allem bei klinischen Studien wird zum Ein- und Ausschluss das PICO(S)-Schema herangezogen. Das PICOS-Schema bildet einen Rahmen, um eine präzise Forschungsfrage zu formulieren und die Recherche einzugrenzen (Polit & Beck, 2017). PICO steht für: die Population (P), die Intervention oder auch Maßnahme (I), die Kontrollintervention (C), das Outcome oder Ergebnis (O) und das Setting der Studie (S).

- **P**opulation: Hier werden die wichtigsten Eigenschaften der Population beschrieben (z. B. Frauen ab 70 Jahren mit Brustkrebs).
- **I**ntervention oder Maßnahme: Hier wird die wichtigste Intervention aufgeführt (z. B. Strahlentherapie, Chemotherapie).
- **C**omparison (Vergleich, Kontrolle): Hier werden die wichtigsten Vergleichsinterventionen – falls möglich – aufgeführt (z. B. hormonelle Therapie).
- **O**utcome (Zielgröße): Hier wird aufgeführt, was bewirkt, gemessen oder verbessert wurde (z. B. Genesung).
- **S**etting: Hier wird die Umgebung beschrieben, in der die Studie durchgeführt wurde (z. B. Krankenhaus).

3. Datenbanken festlegen

Den kostenlosen Zugriff auf wissenschaftliche Datenbanken vergibt in der Regel die Hochschule. Die Literaturrecherche in Datenbanken ist abhängig vom Fachgebiet. So eignen sich die Datenbanken PubMed oder Cinahl für medizinische und pflegewissenschaftliche Studiengänge oder Psyndex für den Fachbereich der Psychologie.

Weitere Beispiele für Datenbanken:
- Google Scholar
- Science Direct
- EBSCO
- Springer Link

4. Literaturauswahl vornehmen und dokumentieren

Um den Methodenteil in deiner wissenschaftlichen Arbeit so konkret wie möglich zu beschreiben, solltest du dir folgende Punkte auflisten:
- Zeitraum deiner aktiven Suche nach Literatur
- Zeitliche Eingrenzung der Veröffentlichungen
- Benutzte Schlüsselwörter und Kombinationen
- Wie und wo wurde die Literatur gefunden? (Anzahl der Treffer in den jeweiligen Datenbanken)
- Wie viele relevante Quellen wurden gefunden?
- Wie wurden die Volltexte besorgt? Warum konnten Volltexte nicht besorgt werden?

5. Literatur beschaffen

Die Literatur lässt sich über unterschiedliche Wege beschaffen: z. B. über die Fernleihe oder den OPAC der Unibibliothek und z.T. auch über das Internet.

6. Literatur sichten, analysieren und exzerpieren

Die Methode „W-Fragen an den Text stellen" ermöglicht es, strukturiert einen (wissenschaftlichen) Text zu bearbeiten und dabei die wesentlichen Inhalte zu erfassen. Werden Forschungsartikel systematisch nach dieser Methode bearbeitet, kann man das Geschriebene direkt im Theorieteil verwenden.

Diese Fragen verhelfen dabei, einen wissenschaftlichen Artikel zu strukturieren:
- Wer ist der Autor? Wer ist die Autorin?
- Wann wurde der Artikel geschrieben?
- Wie lautet das Forschungsziel der Studie?
- Wie lautet die Forschungsfrage?
- Welche Methode wird angewendet?
- Wie setzt sich die Stichprobe zusammen?
- Was sind die zentralen Ergebnisse?
- Wie lautet die korrekte Quellenangabe?

9.4 Aufbau der Arbeit, intensive Schreibphase und Korrektur

Inhalte der Gliederungspunkte

In Kapitel 9.3 wurden bereits die wesentlichen Punkte aufgeführt, die eine Gliederung enthalten sollte. Auf diese wird nun konkreter eingegangen.

Deckblatt

Das Deckblatt ist die erste Seite deiner Abschlussarbeit. Gibt es an deiner Hochschule eine Vorlage für ein Deckblatt? Dann solltest du diese verwenden. Sollte es keine Vorlage geben, kannst du dich an der Vorlage für das Exposé orientieren (siehe Kapitel 9.2: Exposé erstellen). Hilfreich kann es sein, sich bestehende Deckblätter von bisherigen Abschlussarbeiten aus deinem Fachbereich anzusehen. Ob das Logo der Hochschule eingefügt werden soll, musst du mit deinem Betreuer bzw. deiner Betreuerin abklären. Manche Studierende fügen auf das Deckblatt Bilder ein. Es empfiehlt sich, aufgrund der Rechte an Bildern, damit eher zurückhaltend umzugehen. Folgende Inhalte sind üblicherweise Bestandteil auf einem Deckblatt:

- Titel der Arbeit und Untertitel
- Name des Lehrstuhls und des Fachbereichs der Hochschule
- Name des Betreuers bzw. der Betreuerin
- Dein Name, deine Matrikelnummer, ggf. deine E-Mailadresse und deine Adresse

Abkürzungsverzeichnis

Ein Abkürzungsverzeichnis bietet sich an, sobald mehrere Abkürzungen in der Abschlussarbeit verwendet werden. Dabei handelt es sich um eine alphabetische Liste, die zweispaltig aufgebaut ist: In der linken Spalte werden die benutzten Abkürzungen aufgelistet (z. B. ECTS). In der rechten Spalte stehen die entsprechenden Erklärungen (z. B. European Credit Transfer System).

Abbildungs- und Tabellenverzeichnis

Im Abbildungsverzeichnis werden alle verwendeten Abbildungen mit Abbildungsnummer, Beschriftung und Seitenzahl aufgeführt. Die Reihenfolge der Abbildungen erfolgt nicht alphabetisch, sondern in der Reihenfolge, in der sie in der Abschlussarbeit abgebildet werden. Das Erstellen eines automatisierten Abbildungsverzeichnisses hat den Vorteil, dass es unproblematisch aktualisiert werden kann, wodurch sich die Fehleranfälligkeit reduzieren lässt. Analog dazu verhält es sich mit einem Tabellenverzeichnis.

Gliederung

Die Gliederung muss immer wieder konkretisiert und angepasst werden. Dabei handelt es sich um einen Prozess, der erst am Ende der Arbeit abgeschlossen ist.

Einleitung
Was gehört in die Einleitung?
- Problem darstellen
- In das Thema einführen
- Neugier wecken
- Ggf. Gründe für die Wahl des Themas beschreiben
- Relevanz des Themas beschreiben
- Ziel der Arbeit darstellen
- Ggf. Forschungsfrage(n) benennen (kann auch in den Theorieteil)
- Aufbau der Arbeit erläutern

Länge der Einleitung: ca. 10 % der Arbeit

Theoretischer Rahmen
Was gehört in den theoretischen Rahmen?
- Aktueller Forschungsstand
- Definitionen
- Schlüsselbegriffe
- Relevante Konzepte
- Modelle
- Theorien
- Ggf. Hinführung zur Forschungsfrage

Länge des theoretischen Rahmens: ca. 25–30 % der Arbeit

Methodenteil
Was gehört in den methodischen Teil einer empirischen Arbeit?
- Mit welchem Instrument wurden die Daten erhoben?
- Wurde ein Pretest durchgeführt? Wenn ja, wie?
- Wie setzt sich die Stichprobe zusammen?
- Wie und wo wurden die Daten erhoben?
- Welche Herausforderungen gab es bei der Datenerhebung?
- In welchem Zeitraum wurden die Daten erhoben?
- Gab es Besonderheiten?
- Wie wurden die Daten aufgezeichnet?
- Welche Informationen und Einverständniserklärungen gab es für die Personen?
- Wie wurde mit dem Datenschutz umgegangen?
- Wie wurden die Daten ausgewertet und analysiert?
- Mussten forschungsethische Besonderheiten berücksichtigt werden?
- Was gehört in den methodischen Teil einer theoretischen Arbeit?
- Welche Suchbegriffe wurden gewählt?
- Welche Kombinationen (Bool'sche Operatoren) wurden verwendet?
- Welche Ein- und Ausschlusskriterien wurden festlegen?
- Welche Datenbanken wurden verwenden?

– In welchem Zeitraum fand die Literaturrecherche statt?
– Wie viele relevante Treffer gab es in den Datenbanken?
– Wie wurden die wissenschaftlichen Artikel beschafft?
– Warum konnten Artikel nicht beschafft werden?
– Wie viele Volltexte konnten beschafft werden?

Länge des Methodenteils: ca. 10–15 % der Arbeit

Ergebnisteil
Was gehört in den Ergebnisteil?
– Wertungsfreie, ausführliche Darstellung der Ergebnisse
– Roter Faden zur Problemstellung und zur Forschungsfrage
– Ergebnisse müssen einen Bezug zur Forschungsfrage haben
– Ergebnisse müssen den Forschungsfragen bzw. den Hypothesen zugeordnet werden
– Hypothesen müssen bestätigt bzw. widerlegt werden
– Ergebnisse werden der Relevanz nach geordnet
– Statistische Auswertungen (vor allem bei quantitativer Forschung)
– Ankerbeispiele und Zitate (vor allem bei qualitativer Forschung)

Länge des Ergebnisteils: ca. 30–35 % der Arbeit

Diskussionsteil
Was gehört in den Diskussionsteil?
– Zusammenfassende Darstellung der Ergebnisse
– Interpretation der Ergebnisse
– Neue Erkenntnisse und Besonderheiten
– Grenzen und Limitationen
– Stärken der Arbeit
– Empfehlungen für weitere Forschungsarbeiten

Länge des Diskussionsteils: ca. 5–10 % der Arbeit

Fazit und Ausblick
Was gehört in das Fazit und den Ausblick?
– Prägnante Erkenntnisse
– Abschließende Beantwortung der Forschungsfrage
– Ausblick

Länge des Fazits und des Ausblicks: ca. 5–10 % der Arbeit

Korrekturlesen
Sobald alle Teile der Arbeit geschrieben sind, heißt es: Ran an die Korrektur! Wenn du noch genügend Puffer hast, solltest du etwas zeitlichen Abstand zum Text gewinnen. Erst dann erkennst du Fehler und Unklarheiten in deiner Arbeit. Idealerweise liest

zudem eine andere Person deine Arbeit Korrektur. Hierbei ist es nebensächlich, ob die Person vom Fach ist. Wenn deine Arbeit so verfasst ist, dass auch fachfremde Personen das Wesentliche verstehen, hast du alles richtiggemacht! Hier kannst du dir eine Checkliste mit den wesentlichen Punkten ausdrucken, die du vor der Abgabe deiner Abschlussarbeit prüfen solltest:

Checkliste: Abgabe der Abschlussarbeit

DOI: 10.36198/9783825261269-m13

9.5 Formale Spielregeln beachten: richtig zitieren und Plagiate vermeiden

Beim wissenschaftlichen Arbeiten ist das korrekte Zitieren besonders wichtig, um Plagiate zu vermeiden.

Plagiate vermeiden

Ein Plagiat liegt vor, wenn

- fremde Texte wörtlich übernommen werden und kein Verweis auf den Urheber bzw. die Urheberin vorgenommen wird oder
- fremde Gedanken in eigenen Worten wiedergegeben werden und kein Verweis auf den Urheber bzw. die Urheberin vorgenommen wird oder
- eine Übersetzung aus einer anderen Sprache als eigene Gedanken ausgewiesen werden oder
- die Arbeit einer anderen Person vollständig als das eigene Werk ausgegeben wird.

Mittlerweile gibt es im Internet professionelle Plagiat-Suchmaschinen, mit denen es sich in wenigen Minuten kontrollieren lässt, ob ein Plagiat vorliegt.

Zitieren

Grundsätzlich gilt: Du musst dich beim Zitieren an die Vorgaben deiner Hochschule halten. In der Regel erhältst du entsprechende und detaillierte Vorgaben, wie du Quellen angeben musst und wie du das Literaturverzeichnis zu erstellen hast.

Die im Folgenden dargestellten Regeln orientieren sich an der Zitierweise der Deutschen Gesellschaft für Psychologie (2019).

Warum muss man zitieren?

- Um die eigenen Aussagen zu belegen und zu begründen
- Um die eigenen Aussagen von fremden Aussagen zu unterscheiden
- Um die genauen Quellen der Aussagen nachvollziehbar zu machen

Was ist der Unterschied zwischen einem direkten und einem indirekten Zitat?

1. Direktes Zitieren (wörtliche Übernahme)

Sehr bedeutsame Passagen in einem Text können wörtlich übernommen werden, müssen allerdings in Anführungszeichen („") gesetzt werden.

> **Beispiel für das direkte Zitieren:** „Informationen müssen als geistiges Eigentum anderer (Urheberschaft) durch Quellenangaben kenntlich gemacht werden, wenn sie in einer schriftlichen Arbeit (auch Handout) genutzt werden." (Dirschedl, 2015, 31).

2. Indirektes Zitieren (nichtwörtliche oder sinngemäße Übernahme)

Beim indirekten Zitieren werden Textpassagen sinngemäß übernommen, dann bedarf es keiner Anführungszeichen.

> **Beispiel für das indirekte Zitieren:** Dirschedl (2015, 31) verweist darauf, dass auch bei der Erstellung von Handouts, Informationen anderer als deren geistiges Eigentum kenntlich gemacht werden müssen.

Wie kann man auf Quellen verweisen?

1. Zitierweise mit Fußnoten

Der Verweis auf die Quelle erfolgt über eine Fußnote. An der Stelle, an der das Zitat endet, wird durch eine hochgestellte arabische Ziffer auf die Fußnote verwiesen. Führt man das erste Mal einen Beleg in einer Fußnote an, müssen die vollständigen Angaben zum Werk angeführt werden. Bei Wiederholungen sind Kurztitel in der Fußzeile möglich.

> **Beispiel für die Zitierweise mit Fußnote:** „Informationen müssen als geistiges Eigentum anderer (Urheberschaft) durch Quellenangaben kenntlich gemacht werden, wenn sie in einer schriftlichen Arbeit (auch Handout) genutzt werden."[1]

1 Dirschedl, C. (2015). Berufsdeutsch für die Pflege. Cornelsen Schulverlage.

2. Zitierweise der APA (American Psychological Association) oder nach dem Harvard-Prinzip

Sowohl bei der Zitierweise nach der APA als auch nach dem Harvard-Prinzip, wird die Quellenangabe direkt im Text vorgenommen. Es werden lediglich der Nachname des Autors bzw. der Autorin, das Jahr und die Seitenzahl angegeben. Die ausführliche Quellenangabe erscheint im Literaturverzeichnis. Beide Zitierstile unterscheiden sich lediglich in der Formatierung:

> **Beispiel für die Zitierweise nach der APA:** „Informationen müssen als geistiges Eigentum anderer (Urheberschaft) durch Quellenangaben kenntlich gemacht werden, wenn sie in einer schriftlichen Arbeit (auch Handout) genutzt werden." (Dirschedl, 2015, S. 31).

> **Beispiel für die Zitierweise nach Harvard:** „Informationen müssen als geistiges Eigentum anderer (Urheberschaft) durch Quellenangaben kenntlich gemacht werden, wenn sie in einer schriftlichen Arbeit (auch Handout) genutzt werden." (Dirschedl, 2015: 31).

3. Mehrere Autoren bzw. Autorinnen zitieren

Bei drei oder mehreren Autoren bzw. Autorinnen reicht es aus, wenn der erste Autor bzw. die erste Autorin und der Zusatz „et al." verwendet wird. Die Abkürzung steht für das lateinische et alii und bedeutet übersetzt „und andere".

9.6 Schreibblockade überwinden und ins Schreiben kommen

Es sind nun schon mehrere Stunden vergangen und du sitzt noch immer vor einer leeren Seite. Der Cursor blinkt mahnend vor sich hin. Die wenigen Worte, die du bislang geschrieben hast, hast du wieder gelöscht. Im Kopf hattest du schon gute Gedanken, aber irgendwie wollen die nicht aufs Papier.

Wenn du diese Situation kennst, sind die folgenden Tipps und Übungen genau das Richtige für dich, um ins Schreiben zu kommen und um einen Schreibfluss zu entwickeln.

Vorbereitung, um einen Schreibflow zu entwickeln

Das richtige Mindset

Zunächst benötigst du das richtige Mindset, um ins Schreiben zu kommen. Ersetze Wörter wie „müssen" durch „dürfen". „Ich darf mich an den Schreibtisch setzen, um an meiner Seminar- oder Abschlussarbeit zu schreiben" klingt doch gleich ganz anders als „ich muss mich an den Schreibtisch setzen".

Ziele visualisieren

Beim Visualisieren geht es darum, sich seine Ziele, die noch nicht eingetreten sind, so exakt wie möglich vorzustellen. Male dir in den schillerndsten Farben aus, wie es sich anfühlt, wenn du die Arbeit fertiggestellt hast, wenn du sie frisch gebunden vom Copyshop abholst und sie in deiner Hochschule abgibst. Wie fühlt sich das an? Was wirst du mit deiner freien Zeit machen? Wie feierst du dich? Zum Visualisieren kannst du ein Moodboard erstellen (siehe Kapitel 4.5: Moodboard erstellen).

Das richtige Umfeld

Bevor du mit dem Schreiben beginnst, solltest du darauf achten, dass du dir ein gutes Umfeld schaffst:

- Schreibtisch aufräumen
- Ablenkungsquellen entfernen
- Für eine gute Ausstattung sorgen
- Motivierende Elemente für den Schreibtisch besorgen

Kreative Schreibmethoden

Um einen Schreibflow zu entwickeln und ins Schreiben zu kommen, können folgende kreative Schreibmethoden genutzt werden:

1. Brainstorming
2. Mindmapping
3. Serielles Schreiben
4. Freewriting

Im Folgenden wird auf jede dieser kreativen Schreibmethoden näher eingegangen. Zudem werden Übungen vorgestellt, die sich direkt umsetzen lassen.

1. Brainstorming als kreative Schreibmethode

Beim Brainstorming geht es darum, möglichst viele Einfälle zu sammeln, die dir spontan zu (d)einem Thema einfallen. Hier geht es nicht darum, dass diese Einfälle strukturiert oder bereits sinnvoll sind. Alles aufschreiben, was die Gedanken hergeben.

Warum Brainstorming?

- Brainstorming hilft dir dabei, durch Assoziationen Ideen zu entwickeln.
- Brainstorming hilft dir dabei, das passende Thema zu finden.
- Brainstorming hilft dir dabei, überhaupt einen Anfang zu finden.

Übung für das Brainstorming

Schreibe für etwa zehn Min. alle Punkte stichpunktartig auf, die dir zu deinem Thema einfallen.

Beispiel: „Digitalisierung in der Grundschule"

Im zweiten Schritt kannst du Cluster bilden oder eine Mindmap erstellen.

2. Mindmap als kreative Schreibmethode

Eine Mindmap beginnt in der Mitte mit einem Kernthema, von dem wiederum Äste abzweigen, die weitere Aspekte zu dem Thema eröffnen. Von diesen Aspekten können weitere Äste abgehen (siehe auch Kapitel 5.2: Lernplan erstellen).

Warum Mindmapping?

- Mindmaps helfen dir dabei, eine Struktur herauszuarbeiten.
- Mindmaps helfen dir dabei, Ordnung zu schaffen.
- Mindmaps helfen dir dabei, Zusammenhänge zu erkennen und zu erstellen.
- Eine Mindmap hilft dir dabei, eine erste Gliederung im Kopf zu entwickeln.

> **Übung für das Mindmapping**
>
> Nimm dir ein leeres Blatt Papier, deinen PC oder dein Tablet und beginne damit, in der Mitte ein Kernthema zu schreiben. Überlege dir, welche Unterthemen zu dem Kernthema passen und ordne die Unterthemen um das Kernthema an. Von den Unterthemen lassen sich weitere Unterthemen abzweigen. Selbstverständlich kannst du hier beliebige Farben verwenden.

3. Serielles Schreiben als kreative Schreibmethode

Beim seriellen Schreiben geht es darum, vorgegeben Satzanfänge zu vervollständigen. Dabei wird derselbe Satzanfang immer wieder neu und individuell vervollständigt. Das kann satzweise oder absatzweise erfolgen. Hier gibt es kein Richtig oder Falsch. Alles, was dir spontan in den Kopf kommt, wird niedergeschrieben.

Warum serielles Schreiben?

- Serielles Schreiben hilft dir dabei, dich zu fokussieren und tiefer in das Thema einzusteigen.
- Serielles Schreiben hilft dir dabei, in den Schreibflow zu kommen.
- Serielles Schreiben hilft dir dabei, dich an bestimmte Dinge zu erinnern.
- Serielles Schreiben hilft dir dabei, dich zu konzentrieren.

> **Übung für das serielle Schreiben**
>
> Für die Technik des seriellen Schreibens wählst du zunächst einen Satzanfang aus, den du mehrmals untereinanderschreibst. Das kann bereits mit dem Thema deiner Arbeit zusammenhängen wie z. B. Digitalisierung bedeutet für mich…
>
> Alternativ denkst du dir einen Satzanfang aus, bei dem es dir leichter fällt, ins Schreiben zu kommen, wie z. B. Ich bin dankbar, dass…
>
> Insgesamt sollte die Übung ca. zehn Min. dauern.

4. Freewriting als kreative Schreibmethode

Freewriting ist eine Methode, bei der dein kompletter Bewusstseinsstrom zu Papier gebracht wird, ohne zu reflektieren oder zu bewerten. Es werden keine geeigneten Formulierungen gesucht. Die Grammatik wird vollständig außer Acht gelassen. Dabei entstehen Sätze, Satzfragmente und einzelne Wörter. Das Ergebnis ist nebensächlich.

Warum Freewriting?

- Freewriting hilft dir dabei, Schreibhürden zu überwinden und ins Schreiben zu kommen.
- Freewriting hilft dir dabei, dich auf ein Thema zu fokussieren, Gedanken weiter zu verfolgen und diese zu ordnen.
- Beim Freewriting kommt man auf Ideen, die einem nicht sofort einfallen.
- Freewriting hilft dir dabei, vollständige Sätze zu formulieren.

Übung für das Freewriting

Stelle dir eine Stoppuhr auf zehn Min. Nun schreibe alles, was dir in den Sinn kommt. Es geht überhaupt nicht darum, ob die Sätze Sinn ergeben oder grammatikalisch korrekt sind. Lass deine Gedanken fließen. Das Wichtigste an der Übung ist, dass du deinen Stift nicht absetzt. Wenn dir nichts mehr einfällt, wiederholst du den letzten Satz oder schreibst Füllwörter, bis dir wieder etwas einfällt. Am Ende der Übung liest du dir deinen Text noch mal durch und markierst Stellen, die dich besonders ansprechen. Dann kannst du die Übung mit einem Aspekt wiederholen, den du markiert hast.

Nimm dir ein leeres Blatt Papier oder öffne eine leere Datei auf deinem Computer. Wenn du bereits ein Thema für deine Hausarbeit hast (z. B. Digitalisierung), dann beginne damit. Wenn du noch kein Thema für deine Arbeit hast, kannst du auch ein Thema wählen, zu dem dir bestimmt etwas einfällt, wie z. B. „mein Hobby“ oder „mein Haustier“.

10. Let's talk about money! Wie du dein Studium finanzierst

Das erwartet dich in diesem Kapitel:

10.1 Nebenjob: Das musst du beachten

10.2 Die besten Nebenjobs für Studierende

10.3 HiWi-Job an der Uni

10.4 Werkstudenten-Job

10.5 BAföG und Studien-kredit

Es gibt unterschiedliche Möglichkeiten, sich ein Studium zu finanzieren. Gehörst du nicht – wie die meisten Studierenden – zu den Personen, die das komplette Studium finanziert bekommen – keep cool! Hier erfährst du, wie du auch mit geringer oder keiner Unterstützung dein Studium finanziell schaffen kannst.

Die Angaben zu Verdienstgrenzen, Freibeträgen etc. beziehen sich aus meinen Recherchen aus 06/2023 und können sich natürlich im Laufe der Zeit verändern. Deshalb solltest du, bevor du einen Nebenjob aufnimmst, selbst noch mal prüfen, wie die aktuellen Zahlen dazu aussehen.

10.1 Nebenjob im Studium: Das musst du beachten

Laut einer Studie des Deutschen Studentenwerks (2019, 23) benötigen Studierende für ihren Lebensunterhalt durchschnittlich 867 € im Monat. Vermutlich sind aktuell die Lebenshaltungskosten durch die steigenden Energiepreise nochmals gestiegen. Deshalb ist es kaum verwunderlich, dass etwa zwei Drittel der Studierenden einen Nebenjob haben, um ihr Studium zu finanzieren. Das Ergebnis einer Umfrage (Statista Research Department, 2011a) von 2.968 Studierenden zwischen 18–29 Jahren zu ihrem Netto-Verdienst durch Nebenjobs ergab folgende Verteilung:

- 24 %: unter 250 €
- 41 %: 250 € bis unter 500 €
- 13 %: 500 € bis unter 750 €
- 7 %: 750 € bis unter 1.000 €

– 6 %: mehr als 1.000 €
– 9 %: keine Angaben

Einige Grenzwerte solltest du beim Geldverdienen im Studium allerdings beachten, um keine zusätzlichen Steuerabgaben leisten zu müssen.

Wie viel darf man neben dem Studium arbeiten?

Für das Arbeiten neben dem Studium darfst du nicht mehr Zeit als für dein Studium verwenden. Andernfalls wäre dein Studium nicht mehr deine Hauptbeschäftigung. Während der Vorlesungszeit sind das maximal 20 Stunden, die du pro Woche arbeiten darfst.

Wie viel darf man in der vorlesungsfreien Zeit arbeiten?

In den Semesterferien darfst du auch mehr arbeiten. Du solltest aber darauf achten, dass du nicht mehr als 70 Arbeitstage bzw. drei Monate am Stück in Vollzeit arbeitest, um von der Rentenversicherung befreit zu bleiben. Insgesamt darfst du pro Beschäftigungsjahr maximal 26 Wochen mehr als 20 Stunden in der Woche arbeiten, um den Studierenden-Status nicht zu verlieren.

Lohnt sich ein Minijob auf 520-Euro-Basis?

Die meisten Studierenden, die arbeiten, haben einen Minijob. Der Vorteil ist, dass keine Sozialversicherungsabgaben (z. B. Arbeitslosenversicherung) gezahlt werden müssen. Auf ein Jahr gerechnet sind das bis zu 6.240 €. Beachte, dass du auch bei mehreren Minijobs unter der 520-Euro-Grenze bleiben musst. Weitere Infos zum Minijob findest du hier:

QR-Code: Informationen zu einem Minijob

10.2 Die besten Nebenjobs für Studierende

Nachdem die Rahmenbedingungen geklärt sind, stellt sich die Frage: Welcher Nebenjob passt zu mir? Um die Wahl für den passenden Nebenjob etwas einzugrenzen, kannst du dir im Vorfeld diese Fragen stellen:

Ich möchte gerne mit anderen Personen in einem Team arbeiten.

☐ Ja ☐ Nein ☐ Egal

Ich kann mir vorstellen, auch am Abend oder am Wochenende zu arbeiten.

☐ Ja ☐ Nein ☐ Egal

Ich möchte ortsunabhängig arbeiten.

☐ Ja ☐ Nein ☐ Egal

Ich möchte gerne mit Kindern arbeiten.

☐ Ja ☐ Nein ☐ Egal

Ich möchte gerne mit Tieren arbeiten.

☐ Ja ☐ Nein ☐ Egal

Ich möchte bei der Tätigkeit einen persönlichen Kontakt zu Menschen.

☐ Ja ☐ Nein ☐ Egal

Ich möchte mir die Arbeitszeit selbst einteilen.

☐ Ja ☐ Nein ☐ Egal

Körperlich schwere Arbeit macht mir nichts aus.

☐ Ja ☐ Nein ☐ Egal

Ein hoher Verdienst ist mir besonders wichtig.

☐ Ja ☐ Nein ☐ Egal

Anhand der Fragestellungen hast du schon ein erstes Gespür dafür bekommen, worauf es dir bei einem Nebenjob ankommt. Arbeiten am Abend oder am Wochenende ist für dich unvorstellbar? Dann kommt ein Job in der Gastronomie wohl eher nicht in die engere Wahl.

Im Folgenden findest du Ideen für interessante Nebenjobs. Du kannst ankreuzen, welcher Job für dich konkret infrage kommen würde:

- ☐ Promotionsjobs
- ☐ Nachhilfe
- ☐ Call Center
- ☐ Lagerarbeit
- ☐ Kasse
- ☐ Online-Sprachtraining
- ☐ Fitnessstudio
- ☐ Yoga
- ☐ Kurierdienst
- ☐ Bürohilfe
- ☐ Einzelhandel (z. B. Modegeschäft)
- ☐ Paketdienst
- ☐ Testperson für Webseiten
- ☐ Testperson für Marktforschung
- ☐ Nachhilfe
- ☐ Teilnahme an wissenschaftlichen Studien
- ☐ Plasmaspende
- ☐ Messejob
- ☐ Freelancerjob
- ☐ Babysitting
- ☐ Hundesitting
- ☐ Stadtführungen

Jetzt kannst du anhand der Ideen entweder über Suchmaschinen im Internet nach den entsprechenden Jobs suchen oder du gehst über Portale wie z. B. Studentenjob.de. Hier sind tausende Jobs für Studierende in allen größeren Städten aufgeführt:

QR-Code: Studentenjobs

10.3 Der HiWi-Job an der Uni

Ein sehr beliebter Nebenjob ist die Tätigkeit als „Hilfswissenschaftler" bzw. als „Hilfswissenschaftlerin" (oder kurz im Wissenschaftsjargon: HiWi) in dem Bereich, in dem man studiert. Wenngleich die Stellen mittlerweile offiziell „studentische Mitarbeiterin" oder „studentischer Mitarbeiter" heißen, hat sich der Name im alltäglichen Sprachgebrauch häufig nicht durchgesetzt. Die meisten sprechen nach wie vor von „HiWi".

Aufgaben einer wissenschaftlichen Hilfskraft

Wie der Name schon vermuten lässt, werden von einem HiWi im akademischen Umfeld hauptsächlich Hilfstätigkeiten durchgeführt. Diese reichen von Rechercheaufgaben bis zu unterstützenden Tätigkeiten in der Lehre und der Forschung. Pauschal kann nicht gesagt werden, was die konkreten Aufgaben eines HiWis sind. Das liegt unter anderem daran, dass die einzelnen Hochschulen unterschiedlichen Gestaltungsspielraum besitzen. Solche Fragestellungen lassen sich am besten im Vorstellungsgespräch klären. In der Regel sind HiWis einer bestimmten Person an der Hochschule zugeordnet. Das können wissenschaftliche Mitarbeiter oder Mitarbeiterinnen sein, aber auch Professorinnen oder Professoren. Die zugeteilten Tätigkeiten sollten immer dem akademischen Kenntnisstand des HiWis entsprechen. Man wird kaum einen HiWi mit der Auswertung von Datensätzen beauftragen, der sich im ersten Semester seines Studiums befindet.

Viele Hochschulen haben Richtlinien oder einen Leitfaden für die Einstellung und Beschäftigung studentischer und wissenschaftlicher Hilfskräfte erstellt. Geregelt werden dort Aspekte wie z. B.: Einstellungsvoraussetzungen, Einstellungsunterlagen, Arbeitszeit, Entgelt, Arbeitsunfähigkeit, Urlaub, Arbeitszeiterfassung und Beendigung des Beschäftigungsverhältnisses.

Vorteil einer HiWi-Stelle

- Mitarbeit bei aktuellen Forschungsthemen
- Vertiefung der Kenntnisse des wissenschaftlichen Arbeitens
- Einblick in wissenschaftliche Tätigkeiten
- Kontakte zu Mitarbeitenden der Hochschule
- Besseres Kennenlernen der Hochschule und des Fachbereichs
- Einfache Integration in den Unialltag

Der größte Vorteil dieser Stelle ist es, herauszufinden, ob man eine wissenschaftliche Karriere in Betracht ziehen möchte. Die Tätigkeit als studentische Hilfskraft legt dafür den idealen Grundstein.

10.4 Der Werkstudenten-Job

Wer regelmäßig mehr als 520 € im Studentenjob verdient, kann als Werkstudent angestellt werden. Die Tätigkeit ist nur dann sozialversicherungsfrei, wenn das Studium die Hauptbeschäftigung bleibt. Das hat den Vorteil, dass einem mehr netto vom Bruttogehalt bleibt. Während des Semesters dürfen 20 Stunden pro Woche nicht überschritten werden.

In der Regel arbeiten Studierende, die sich für einen Werkstudenten-Job entscheiden, in einem Unternehmen, das eine inhaltliche Nähe zum Studium und somit auch zum späteren Beruf aufweist (z. B. BWL-Studium und Tätigkeit in der Personalabteilung eines Betriebs). Viele Studierende gehen nach dem Studium in das Unternehmen, da sie bereits einen guten Einblick in die Aufgaben gewinnen konnten. Unter Umständen kann die Tätigkeit auch als Pflichtpraktikum für das Studium angerechnet werden.

Vorteile eines Werkstudenten-Jobs

- Berufserfahrung sammeln
- Höherer Verdienst als bei anderen Jobs
- Anspruch auf Urlaub
- Hochschulwissen mit Praxiserfahrung verknüpfen

- Kontakte knüpfen
- Fuß in der Tür haben
- Einblick in das Unternehmen erhalten
- Abschlussarbeit in dem Unternehmen schreiben
- Aussicht auf künftigen Arbeitsplatz

10.5 BAföG und Studienkredit

In einigen Studiengängen ist es fast unmöglich, nebenbei noch zu jobben, ohne dass das Studium merklich leidet. Zum Glück gibt es die Möglichkeit, BAföG zu erhalten oder einen Studienkredit aufzunehmen.

BAföG

BAföG = Das Bundesausbildungsförderungsgesetz, das die staatliche Unterstützung für Schülerinnen, Schüler und Studierende regelt. Mit dem Kürzel „BAföG" wird umgangssprachlich auch die Förderung bezeichnet. Der BAföG-Förderungsbetrag ist individuell hoch und nicht alle erhalten den Höchstsatz. Eine Vollförderung erhalten Studierende, die bereits eine gewisse Zeit voll erwerbstätig waren oder deren Eltern über ein geringes Einkommen verfügen. Im Internet findest du sogenannte BAföG-Rechner. Diese können dir – zwar unverbindlich und ohne Gewährleistung – eine ungefähre Tendenz errechnen, wie hoch dein BAföG-Satz pro Monat ausfallen würde. Hier geht's zu einem möglichen BAföG-Rechner:

QR-Code: BAföG-Rechner

Studentenjob und BAföG

Wenn du BAföG erhältst und einen Nebenjob hast, solltest du deinen Verdienst im Auge behalten. Im Bewilligungszeitraum darfst du im Schnitt pro Monat nicht mehr als 520 € verdienen. Das gesamte Einkommen (auch Weihnachtsgeld) wird auf das BAföG angerechnet. Liegen die Einkünfte im Schnitt darüber, wird die Förderung gekürzt.

BAföG beantragen

Um BAföG zu erhalten, muss man etwas Aufwand in die Antragstellung investieren. Aber es lohnt sich auf jeden Fall! Wenn du die Möglichkeit hast, BAföG zu erhalten, solltest du diese unbedingt nutzen. Schließlich handelt es sich dabei um geschenktes Geld!

Wenn du BAföG beantragen möchtest, wendest du dich am besten an das Amt für Ausbildungsförderung (Studierendenwerk) am Standort deiner Hochschule. Dort sind alle nötigen Formulare erhältlich.

Es ist möglich, den Antrag online zu stellen. Auf der Seite des Bundesministeriums für Bildung und Forschung (BMBF) findest du die Links zur elektronischen Antragstellung:

QR-Code: Infos zur elektronischen Antragstellung für BAföG

Tipps für die BAföG-Antragstellung

- Den BAföG-Antrag vollständig ausfüllen – keine Felder freilassen.
- Einen Online-Antrag bevorzugt nutzen.
- Bei Unsicherheiten beim BAföG-Amt nachfragen.
- Die Weiterförderung unbedingt zwei Monate vor Ablauf der bestehenden Förderung beantragen.
- Rückwirkend wird kein BAföG bezahlt – frühestens für den Monat, in dem man den Antrag stellt.

BAföG-Rückzahlung

- Mit der Rückzahlung muss erst fünf Jahre nach Ende der Förderungshöchstdauer begonnen werden.
- Die Hälfte des BAföGs muss nicht zurückgezahlt werden.
- Das BAföG-Darlehen muss nur bis zu einem Gesamtbetrag von 10.010 € zurückgezahlt werden.
- Die Höhe der monatlichen Rückzahlrate liegt bei 130 € (oder 390 €/vierteljährlich).
- Wird alles auf einmal zurückgezahlt, erhält man einen weiteren Nachlass.
- Zahlpausen sind möglich.
- Für die Rückzahlung muss eine aktuelle Adresse beim Bundesverwaltungsamt vorliegen. Andernfalls ist mit einer Gebühr für den Verwaltungsaufwand zu rechnen.

Studienkredit

Einen Studienkredit aufnehmen? Klingt zunächst angsteinflößend. Schließlich hat man dann Schulden und muss diese auch noch mit Zinsen zurückzahlen! Prüfe deshalb im ersten Schritt, ob du dein Studium nicht doch anderweitig finanzieren kannst. Dennoch: Geld in Bildung zu investieren, ist immer eine gute Idee! Für Studierende, die kein oder wenig BAföG bekommen und auch sonst keine weitere finanzielle Unterstützung erhalten, ist ein Studienkredit möglicherweise eine geeignete Alternative. Es gibt auch die Option, einen Kredit nur für einen bestimmten Zeitraum aufzunehmen. Das kann dann sinnvoll sein, wenn man sich in der Prüfungsphase oder beim Schreiben der Abschlussarbeit voll und ganz auf sein Studium konzentrieren möchte und die Zeit nicht für einen Nebenjob heranziehen will. Je eher du deinen Abschluss in der Tasche hast, desto eher verdienst du Geld, das du für die Rückzahlung des Kredits verwenden kannst. Auch für den Zeitraum eines Auslandssemesters kann die Aufnahme eines Kredits die finanzielle Lösung sein.

Bei der Aufnahme eines Studienkredites (z. B. KfW-Studienkredit) solltest du einige Punkte beachten!

- Stelle deine monatlichen Ausgaben über einen längeren Zeitraum detailliert auf, sodass du die Höhe der Kreditsumme möglichst genau abschätzen kannst.
- Hole dir von mehreren Kreditanbietern Angebote ein und vergleiche diese.
- Lass dir eine genaue Kostenaufstellung und die gesamte Rückzahlungssumme mit unterschiedlichen Tilgungsvarianten von den Banken geben.
- Werde bei zu guten Angeboten stutzig und prüfe, ob es sich wirklich um einen seriösen Anbieter handelt.
- Vermeide Anbieter, die nicht alle Vertragsbedingungen konkret aufführen.

11. Study hard – party and travel harder! Wie deine Studytime zur best time wird

Das erwartet dich in diesem Kapitel:

11.1 Semesteranfangsparty und Clubbesuch	**11.2 Party schmeißen – Tipps zur Vorbereitung**	**11.3 Die WG-Party**
11.4 Party machen mit Low-Budget	**11.5 Semesterferien richtig nutzen**	**11.6 Günstig reisen – Die besten Tipps**

11.1 Semesteranfangsparty und Clubbesuch

Stadt neu, Studium neu, Menschen neu – alles neu?! Dann gibt es keine Ausreden! Eine Semesteranfangsparty ist vor allem für Studierende im ersten Semester Pflicht! Hier geht es nämlich darum, interessante Menschen deiner Uni und deiner Stadt kennenzulernen. Je größer dein Freundeskreis und dein Netzwerk, desto wohler wirst du dich aller Wahrscheinlichkeit nach in deiner neuen Unistadt fühlen. Und selbst wenn du im Laufe des Studiums einen Durchhänger hast – und der wird bestimmt kommen – so kann dir ein positives Umfeld locker über die Zeit verhelfen.

Also los – rein ins Partyoutfit und ab geht die Post. Ein paar Regeln solltest du beherzigen, sodass nicht schon am Tag nach der Semesteranfangsparty peinliche Bilder von dir in allen Social-Media-Kanälen auftauchen.

Dos & Don'ts für Partys und Clubbesuche

Das Outfit: Klar, du sollst dich in deinem Outfit wohlfühlen. Das kann aber dazu führen, dass du gar nicht in den Club kommst. Jogginghose – absolutes No-Go! Zudem solltest du auf dreckige, alte Turnschuhe verzichten. Halte dein Outfit etwas dezenter und setze einzelne Eyecatcher. Ein halbwegs gepflegtes Äußeres ist die Voraussetzung, um in einen Club zu kommen oder auf einer Party eine attraktive Erscheinung abzugeben.

Am Türsteher bzw. der Türsteherin vorbeikommen: Für wen stehen die Chancen wohl besser, um in einen Club zu kommen: Für eine Achtergruppe angetrunkener

Jungs oder eine Gruppe aus Jungs und Mädels? Wenn du nur mit Jungs unterwegs bist, achte zumindest darauf, dass keiner dabei ist, der schon vor der Tür den Türsteher bzw. die Türsteherin anpöbelt (das Gleiche gilt natürlich für Mädels-Gruppen!). Noch besser ist es, wenn eine Jungs-Gruppe eine Mädels-Gruppe vor der Tür anspricht. Ein höfliches, sympathisches Ansprechen führt sicherlich dazu, dass ihr als gemischte Gruppe gemeinsam im Club feiern könnt.

Alkohol konsumieren: Beim Konsumieren von Alkohol gilt es, ein paar Grundsätze zu beachten. Andernfalls ist die Party für dich nach kurzer Zeit zu Ende: Trinke zwischen den alkoholischen Drinks ein Glas Wasser, du wirst es dir am darauffolgenden Tag danken. Es empfiehlt sich, bei einer Sorte Alkohol zu bleiben (z. B. Wein). Hier und da ein Gläschen und die ausgegebene Schnapsrunde führen dazu, dass man den Alkoholkonsum tendenziell unterschätzt. Und natürlich gilt: Don't drink and drive! Am besten, du fährst schon gar nicht mit dem Auto zur Party. Und denke daran, der Führerschein kann dir auch entzogen werden, wenn du betrunken Fahrrad fährst. Deshalb solltest du auch Fahrradfahren oder die Nutzung eines E-Scooters nach dem Konsum von Alkohol meiden.

Andere ansprechen: Wenn du andere Personen kennenlernen möchtest, heißt die goldene Regel: Bleibe nicht an einem Platz stehen! Bewege dich im Club und sprich Personen an. Du merkst nach kurzer Zeit, ob dir die Personen, die du angesprochen hast, sympathisch sind oder nicht. Und wenn dir mal gar nichts einfällt, wie du jemanden ansprechen kannst, frag doch einfach nach einer Getränkeempfehlung.

Prepared sein: Smartphone, Schlüssel und Geldbeutel sind natürlich die Basics. Mit folgenden Dingen solltest du aber auch ausgerüstet sein: Feuerzeug (auch wenn du Nichtraucherin bzw. Nichtraucher bist – um Feuer zu bitten ist für viele ein beliebter Anmachspruch), Taschentücher, Kondome, Telefonnummer eines Taxiunternehmens.

Smartphone nutzen: Wenn du den ganzen Abend auf deinem Handy scrollst, strahlst du automatisch Desinteresse und möglicherweise eine gewisse Arroganz aus. Fotos machen ist natürlich okay – danach packst du das Handy aber besser weg. Und was du auch wirklich nie, nie, niemals tun solltest: Im betrunkenen Zustand Textnachrichten an die Ex-Freundin, an den Ex-Freund oder an den großen Schwarm schreiben. Es endet immer katastrophal!

Getränke bestellen: Wenn du in einem Club oder in einer Bar Getränke bestellst, dann überlege dir im Vorfeld, was du trinken möchtest. Eine Getränkekarte bestellen, ewig in die Karte schauen, um sich dann für eine kleine Cola zu entscheiden und nach langem Kramen das Geld abgezählt auf den Tresen legen – bitte nicht! Es ist absolut nichts dagegen einzuwenden, sich eine kleine Cola zu bestellen! Aber ohne Gedöns! Ganz wichtig: Lass dein Getränk niemals unbeaufsichtigt! Es wird immer wieder davon berichtet, dass die Droge GHB (Liquid Ecstasy) in Getränke gelangt. Solltest du dich in der Disco urplötzlich furchtbar schlecht fühlen und kaum mehr stehen können, bitte sofort eine dir vertraute Person, dich sofort nach Hause zu bringen und dich bestenfalls über die Nacht zu beobachten.

Den DJ bzw. die DJane nicht nerven: In der Regel hat der DJ eine vorgefertigte Playlist, die er abgestimmt hat. Es kann natürlich sein, dass dein Wunschlied genau in die Liste passt und es dann gespielt wird. Es kann aber auch sein, dass es nicht passt, der DJ keine Lust hat oder, oder. Dann verdirbst du dir nur den Abend, indem du die ganze Zeit auf dein Lied wartest. Von daher, versteife dich nicht darauf.

11.2 Eine Party schmeißen – Tipps zur Partyvorbereitung

Es hat enorm viele Vorteile, selbst eine Party zu schmeißen: Motto, Gäste und Musikauswahl kannst du selbst bestimmen. Eine gelungene Party zu feiern steht und fällt mit der richtigen Vorbereitung. Deshalb solltest du rechtzeitig mit der Planung beginnen, um genügend Spielraum für alle vorhersehbaren und unvorhersehbaren Details zu haben.

4–8 Wochen vor der Party

Datum festlegen: Ein Blick in den Kalender hilft dir dabei, den passenden Termin für deine Feier zu finden. In der Regel eignen sich Freitage, Samstage oder Tage vor Feiertagen. Um sicherzugehen, dass möglichst viele Gäste zusagen, bieten sich Wochenenden an, an denen nicht bereits sämtliche andere Events stattfinden. Auch können Partys in der Prüfungsphase abschrecken. Optional kannst du zwei Termine zur Auswahl stellen und im Vorfeld deine Gäste abstimmen lassen.

Location wählen: Soll die Party in den eigenen vier Wänden stattfinden, so musst du dir um die Location natürlich keine weiteren Gedanken machen. Wenn du allerdings einen Raum anmieten musst, ist es ratsam, vor dem Versenden der Einladungen anzufragen, ob er der Raum noch frei ist. Es wäre ja blöd, wenn er zu dem geplanten Termin schon anderweitig vermietet wurde.

Motto überlegen: Wenn du dich für eine Motto-Party entscheidest, solltest du es von Beginn an festlegen und kommunizieren. Zudem kannst du ab sofort alle Details (Dekoration, Speisen etc.) darauf abstimmen und hast genügend Zeit, dir ein passendes Outfit zusammenzustellen.

Gästeliste erstellen: Um niemanden zu vergessen, ist es hilfreich, alle Personen aufzuschreiben, die du einladen möchtest. Dadurch behältst du den Überblick und kannst besser einschätzen, wie viele Getränke, Speisen etc. du besorgen musst.

Einladungen versenden: Die Einladung sollte möglichst frühzeitig erfolgen. Ansonsten haben deine Gäste an dem Tag schon etwas anderes geplant. Ort, Datum, Uhrzeit und Anlass müssen natürlich auf der Einladung vermerkt sein. Es bietet sich an, auf der Einladung ein Datum anzugeben, bis wann die Personen zurückmelden sollen, ob sie kommen können.

1–2 Wochen vor der Party

Gästeliste prüfen: Überprüfe, wer von deinen Gästen zu- und abgesagt hat. Die Anzahl kannst du als Maßstab heranziehen, um die Location herzurichten und die Einkaufsliste zusammenzustellen. Oft reduziert sich die Anzahl der Gäste kurzfristig aufgrund von z. B. Krankheit.

Einkaufsliste erstellen: Überlege dir, was es zu trinken geben soll und erstelle eine Getränkeliste. Welche Speisen möchtest du anbieten? Notiere dir Rezepte und erstelle dafür eine Einkaufsliste. Erweitere diese um Chips, Müllbeutel, Toilettenpapier, Küchenrolle, Servietten und Einweggeschirr, insofern du nicht genügend Geschirr vorrätig hast oder du dir das Spülen sparen möchtest.

Partyspiele überlegen: Soll es an der Feier Spiele geben? Partyspiele oder Kennenlernspiele eignen sich dafür, die Gäste miteinander bekannt zu machen oder sie ins Gespräch kommen zu lassen. Denke dir entsprechende Spiele aus und vermerke, was du dafür benötigst.

Playlist erstellen: Wenn du selbst Musik abspielen möchtest, solltest du dir die Zeit für das Erstellen einer Playlist nehmen. Es gibt auch bereits vorgefertigte Playlists mit Partymusik von diversen Musik-Streaming-Anbietern, die möglicherweise infrage kommen. Bei einer Motto-Party kannst du die Musik auf das Motto abstimmen.

Nachbarschaft Bescheid geben: Informiere deine direkten Nachbarn persönlich und lade sie entweder ein, mitzufeiern oder bitte sie zumindest, Bescheid zu geben, falls es zu laut wird. Auch ein Aushang im Eingangsbereich deines Hauses mit entsprechenden Hinweisen und deiner Telefonnummer kann Ärger mit der Nachbarschaft vermeiden.

Partydeko basteln und Partyzubehör besorgen: Wenn du dich für Partydeko entscheidest, kannst du bereits jetzt mit den Bastelarbeiten beginnen und das entsprechende Zubehör besorgen.

Freunde um Hilfe bitten: Frage Freunde, ob sie dich bei den Vorbereitungen und beim Aufräumen nach der Party unterstützen können. Günstig ist es auch, wenn du ein bis zwei Personen hast, die dir an dem Tag der Party helfen, Speisen vorzubereiten, Fotos zu machen, auf ausreichend gekühlte Getränke zu achten, schmutziges Geschirr aufzuräumen usw. Dadurch kannst du selbst die Party besser genießen.

Einkaufen gehen: Besorge alles, was auf deiner Einkaufsliste steht: Getränke, Essen, Partyzubehör. Wenn du kein Auto zur Verfügung hast, solltest du rechtzeitig beginnen, da es dir wahrscheinlich nicht erspart bleibt, die Einkäufe auf mehrere Etappen zu verteilen.

Ein Tag vor der Party

- Getränke kaltstellen
- Eiswürfel oder Crushed Eis besorgen
- Wohnung putzen
- Tische und Stühle bereitstellen (Cave: Zu viele Sitzmöglichkeiten führen dazu, dass die Personen an ein und demselben Platz sitzen und es somit nicht zur Durchmischung deiner Gäste kommt)
- Schlafplätze für Gäste vorbereiten
- Kärtchen für die Kennzeichnung der Speisen erstellen (z. B. vegane Speisen)
- Musikanlage und Playlist prüfen
- Partyoutfit überprüfen

Partytag

- Speisen rechtzeitig vorbereiten
- Gläser, Teller und Besteck bereitstellen
- Tisch für Geschenke bereitstellen
- Raum schmücken
- Toilette prüfen (Gibt es ausreichend Toilettenpapier und Seife?)
- Speisen kennzeichnen
- Sich frühzeitig für die Party zurechtmachen
- Licht prüfen
- Musik einschalten

Nach der Party

- Aufräumen, Müll entsorgen, Geschirr spülen, Boden reinigen
- Gemieteten Raum zur vereinbarten Zeit sauber übergeben
- Gemietete Gegenstände zurückbringen
- Altglas entsorgen
- Bei den Gästen bedanken und ihnen ggf. Fotos zur Verfügung stellen

Wenn du dir eine Checkliste zur Partyvorbereitung auf einen Blick ausdrucken möchtest, kannst du das hier tun:

Checkliste: Partyvorbereitung

DOI: 10.36198/9783825261269-m14

11.3 Die WG-Party

Die Tipps, die für die Partyvorbereitungen vorgestellt wurden, gelten natürlich auch für eine WG-Party. Wenn sich alle Personen innerhalb einer WG zusammentun und beschließen, eine Party zu veranstalten, hat dies natürlich gewaltige Vorteile: Die Vorbereitung, das Aufräumen und die Kosten können geteilt werden.

Motto-Party

Besonders lustig kann es sein, sich mit den Mitbewohnern und Mitbewohnerinnen ein gemeinsames Motto für die Party zu überlegen und alles danach auszurichten.

Ideen für eine Motto-Party

- Bad-Taste-Party
- Jahrzehnt-Party (z. B. 20er, 70er, 80er)
- Film-Motto-Party (z. B. der große Gatsby, James Bond, Game of Thrones, Herr der Ringe)
- Historische Party (z. B. Mittelalter, altes Rom)
- Länder-Party (z. B. Hawaii-Party, USA-Party, japanische Party, russische Party)
- Kindergeburtstags-Party
- Halloween-Party
- Nikolaus-Party
- Weihnachts-Party
- Helden-der-Kindheit-Party
- Glamour-Party
- Promi-Party
- Flower-Power-Party
- Sport-Event-Party (z. B. Fußball WM, American Football)
- Pyjama-Party
- Black-and-White-Party
- Grusel-Party
- Zirkus-Party

⊕ Vorteile

- Kann für gute Stimmung und Gesprächsstoff bei den Gästen sorgen.
- Kann ein sehr lustiges Event werden.
- Man hat die Möglichkeit, seine kreative Seite zu zeigen.
- Kann die Grundlage für eine größere, zusammenhängende Veranstaltung sein (z. B. jährliche Faschingsparty mit weiteren WGs).

⊖ Nachteile

- Schreckt möglicherweise Personen ab, die wenig Lust haben, sich zu verkleiden.
- Der Vorbereitungsaufwand kann sehr hoch sein.
- Die Dekoration kann ggf. nur schwer umsetzbar sein.

Krimi-Dinner

Krimi-Dinner sind ideal, um einen amüsanten und spannenden Abend in der WG zu verbringen. Jede Person verkleidet sich und spielt eine Rolle. Ziel ist es, den Täter oder die Täterin zu entlarven. Meistens gibt es dazu noch einen ausgeklügelten Speiseplan.

Am einfachsten ist es, wenn du dafür eine bereits vorgefertigte Spielebox kaufst. Im Internet findest du eine große Anzahl an Anbietern.

Die Spieleboxen kosten ca. 15–20 € und sind in der Regel mit folgenden Inhalten bestückt:

- Heft für den Gastgeber bzw. die Gastgeberin
- Rollenhefte
- Tischkarten
- Einladungen
- Rezeptideen
- Hinweise für die passende Musik

Günstiger wird es, wenn du gebrauchte Spieleboxen erwirbst. Solltest du ein neues Spiel kaufen, kannst du es so verwenden, dass du es im Nachhinein verkaufst oder tauschst.

Running-Dinner

In vielen Studentenstädten werden bereits „Running-Dinner" oder „Studenten-Dinner" ausgerichtet. Prüfe, ob dies auch in deiner Stadt angeboten wird. Andernfalls kannst du ggf. die Organisation übernehmen. Das Prinzip bei dem Running-Dinner ist, an drei Gängen an drei verschiedenen Orten in deiner Stadt teilzunehmen. Dabei lernst du andere Studierende in deren Wohnungen kennen und bei der abschließenden After-Dinner-Party kannst du mit allen teilnehmenden Personen feiern.

Ablauf eines Running-Dinners

- Du meldest dich gemeinsam mit deiner WG für das Running-Dinner an.
- Ihr bekommt als WG Vorspeise, Hauptgericht oder Nachspeise zugeteilt.
- Ihr werdet einem Team zugeteilt, dass mit euch aus drei WGs besteht. Jede WG muss einen Gang ausrichten.
- Du richtest am Tag des Events mit deiner WG den euch zugeteilten Gang in eurer WG für die WGs aus, mit denen ihr in einem Team seid.
- Du bekommst mit deiner WG die anderen zwei Gänge bei den anderen WGs serviert.
- Eure drei WGs gehen nach der Nachspeise gemeinsam zur After-Dinner-Party und ihr feiert mit allen anderen teilnehmenden WGs zusammen.

Koch-Event mit Motto

Auch wenn du sicherlich mit deinen WG-Mitbewohnern und WG-Mitbewohnerinnen hin und wieder gemeinsam kochst, so könnt ihr daraus ein richtiges Event organisieren. Ein Motto-Dinner kann zudem ein abwechslungsreiches kulinarisches Event werden. Hier sind ein paar Ideen für euer nächstes WG-Dinner, bei dem sich jedes WG-Mitglied einen Gang überlegt und diesen kocht.

Ideen für das Motto eines Koch-Events

- Mexican Fiesta
- Italian Style
- Hüttengaudi
- Frühlingserwachen
- Farb-Motto (z. B. nur rote Speisen)
- Alles vegan
- Alphabetkochen (z. B. nur Speisen, die mit dem Buchstaben „P“ beginnen)

11.4 Partymachen mit Low-Budget

Da der Geldbeutel der meisten Studierenden nicht gerade überquillt, gibt es hier ein paar Vorschläge, wie du trotz geringer finanzieller Möglichkeiten nicht auf das Partymachen verzichten musst.

Ideen für Low-Budget-Geburtstagsfeiern

Feiern, für die nur wenig Geld zur Verfügung steht, finden am besten in den eigenen vier Wänden statt. So sparst du die teure Raummiete oder die Abnahme von Getränken oder Speisen. Eine bezahlbare Alternative kann das Anmieten von Räumen in Jugendzentren oder Sportheimen sein.

Die Einladung: Beginnen wir mit der Einladung. Obwohl eine Papiereinladung natürlich sehr schön sein kann, so ist diese schon mit Kosten verbunden. Hinzu kommt das Porto. Günstiger und schneller sind Einladungen, die du mit einem Bildbearbeitungsprogramm gestalten und per Messenger versenden kannst.

Die Dekoration: Als Dekoration kannst du Luftballons, Girlanden, Lampions und Luftschlangen kaufen und den Raum mit Teelichtern schmücken. Kerzenlicht und indirekte Leuchtquellen sorgen immer für eine angenehme Atmosphäre, wohingegen Deckenlicht die Stimmung verderben kann. Gerade wenn du möchtest, dass getanzt wird, solltest du auf grelles, kaltes Flutlicht verzichten. Wenn du kein Geld für die Deko ausgeben möchtest, kannst du Gegenstände aus der Natur wie z. B. Blumen oder Äste aus dem Garten sammeln.

Kulinarische Mitbringsel statt Geschenke: Statt eines Geschenkes kannst du dir Speisen und Getränke wünschen. Eine Liste hilft dir dabei, den Überblick der Mitbringsel zu behalten oder du verteilst Speisen und Getränke, die mitgebracht werden sollen. Natürlich kannst du das auch den Gästen überlassen. Dann kann es dir aber passieren, dass du am Ende fünf Mal Tomate-Mozzarella und kein einziges Baguette hast. Wenn du deine Gäste bittest, ausschließlich Fingerfood mitzubringen, sparst du dir das Geschirr. Servietten reichen vollkommen aus.

Die Musik: Eine gute Feier steht und fällt mit der Musik. Willst du, dass sich die Gäste gechillt unterhalten können, sollte die Musik eher im Hintergrund laufen und nicht als störend wahrgenommen werden. Dafür bietet sich Chill-out-Musik an, wie z. B. Café del Mar. Möchtest du, dass wild getanzt wird, solltest du dir überlegen, ob du eine oder mehrere Personen bittest, den Part eines DJs zu übernehmen. Du kannst selbstverständlich eine Vorauswahl deiner Lieblingslieder treffen. Achte aber unbedingt darauf, dass du anständige Boxen und ggf. einen Verstärker hast, andernfalls übertönen die Gespräche deiner Gäste womöglich die Lautstärke der Musik.

Günstig feiern gehen

Rabatte für Studierende checken: In vielen Kneipen, in Kinos oder bei Events gibt es oft für Studierende Rabatte. Achte deshalb immer darauf, dass du deinen Studierendenausweis dabeihast.

Zu Hause vorglühen: Zu Hause vorglühen hat den Vorteil, dass du Geld sparst und gleichzeitig mit Freunden den Abend gemeinsam beginnst.

Pfand sammeln: In vielen Clubs wird Pfand für Gläser erhoben. Je später der Abend, desto mehr Gläser stehen herrenlos herum. Zwei, drei abgegeben Gläser können dir schon wieder das nächste Getränk finanzieren.

Cola aufpimpen: Wenn du dir zu Hause einen Flachmann mit Hochprozentigem auffüllst, kannst du dir unbemerkt im Club deine Cola damit aufpimpen. Zugegeben, der Tipp ist nicht ganz legal und du solltest dich dabei auf keinen Fall erwischen lassen. Andernfalls kann es dir Hausverbot bescheren.

Heißhunger nach dem Feiern bekämpfen: Wer kennt ihn nicht? Den urplötzlich eintretenden Heißhunger nach dem Feiern. Auch wenn Pizza- und Dönerstände verlockend sind, bist du hier schnell wieder ein paar Euro los. Die günstigere Alternative wartet zu Hause auf dich. Schlau ist es, sich vor dem Feiern ein paar Nudeln zu kochen, die du in der Nacht nur noch schnell aufwärmen musst. Auch ein Käsetoast kann nach dem Feiern wie ein Festmahl schmecken.

11.5 Semesterferien richtig nutzen

Endlich Semesterferien! Jetzt kannst du wochenlang faulenzen, ausschlafen und in den Urlaub fahren! Aber entspricht das Bild, das so mancher von den Studierenden hat, auch der Realität? Zunächst muss man sprachlich konkreter werden: Es handelt sich weniger um Semesterferien, die den Anschein der reinen Untätigkeit vermitteln, sondern vielmehr um eine vorlesungsfreie Zeit. Und auch in diesen Zeitraum legen manche Unis noch Seminare oder Veranstaltungen oder es finden Prüfungen statt. Hinzu kommt, dass viele Studierende in der vorlesungsfreien Zeit ein Praktikum absolvieren, jobben, Semesterarbeiten schreiben, Stoff aus dem letzten Semester nachholen oder das kommende Semester planen. Also von wegen: Semesterferien = Nichtstun.

Dennoch ist die Zeit der Semesterferien für die meisten Studierenden mit einem geringeren Stresslevel und einem höheren Entspannungsniveau verbunden. Und das ist auch wichtig! Selbst wenn du in den Semesterferien arbeiten musst, so ist es notwendig, deinem Geist und deinem Körper in der Zeit auch die nötige Ruhe zu gönnen, um mit neuer Energie in das kommende Semester zu starten.

Doch wie lässt sich die Zeit gestalten, dass sie tatsächlich für Erholung sorgt? Am besten ist es, sich eine wirkliche Auszeit zu nehmen. Dies gelingt, indem du bestimmte Wochen einplanst, in denen du dich ausschließlich erholst, faulenzt, ausschläfst, fernsiehst, verreist, dich mit Freunden triffst usw. – ohne schlechtes Gewissen und ohne an das Lernen und an die Uni zu denken! Gleichzeitig kannst du dir eine bestimmte Anzahl an Tagen vornehmen, an denen du wieder arbeitest und dich gedanklich mit dem Studium beschäftigst.

Ideen für die Semesterferien

Freunde treffen und Zeit für die Familie nehmen: Während des Semesters bleibt häufig nur wenig Zeit, um sich mit allen Freunden und Familienmitgliedern zu treffen. Jetzt ist aber wieder Zeit dafür – somit ran ans Telefon und Treffen vereinbaren.

Reisen oder Kurztrips machen: Die Sommermonate bieten sich hervorragend zum Reisen an. Wenn das Geld nicht für eine Fernreise reicht – auch Deutschland hat schöne Ecken: Von der Ostsee bis zur Zugspitze und von der Eifel bis ins Elbsandsteingebirge. Also, kram die Deutschlandkarte raus und suche dir ein Ziel!

Urlaub in der eigenen Stadt planen: Selbst Urlaub in der eigenen Stadt kann spannend sein. Nimm an einer Stadtführung teil oder kaufe dir einen Reiseführer für deine Stadt. Sicherlich wirst du Dinge erfahren, die du bislang noch nicht wusstest. Empfehlenswert sind auch Bücher, in denen Glücksorte in deiner Stadt vorgestellt werden – oder du gestaltest ein eigenes Buch mit deinen persönlichen Glücksorten in deiner Stadt – dann hast du schon jetzt eine Idee für ein Weihnachtsgeschenk.

Sportlich betätigen: Endlich ist ausgiebig Zeit, sich um seinen Körper zu kümmern und zu trainieren. Ob im Schwimmbad, auf dem Rad oder beim Laufen – ganz egal, Hauptsache Bewegung! Vielleicht hast du auch Lust, eine neue Sportart auszuprobieren?

Etwas Neues lernen: Sicherlich hast du irgendetwas im Hinterkopf, was du schon immer lernen oder ausprobieren wolltest: ein neues Kochrezept, eine neue Sprache oder ein Instrument? Treffe direkt die Vorbereitungen dafür und lege los!

Wohnung auf- und umräumen (mit positivem Nebeneffekt): Die Semesterferien bieten sich dafür an, den Keller, den Schreibtisch, den Kleiderschrank oder die gesamte Wohnung auszumisten. Der beste Nebeneffekt: Bei der Entrümpelung kannst du ggf. noch den ein oder anderen Euro verdienen, indem du Dinge verkaufst, die du nicht mehr benötigst. Das bessert gleichzeitig die Urlaubskasse auf. Außerdem gibt es nichts Schöneres, als in einem aufgeräumten und geordneten Umfeld in das neue Semester zu starten!

Etwas Gutes tun: Sich ehrenamtlich zu betätigen, bleibt in sehr stressigen Zeiten häufig auf der Strecke. Überlege dir, was dir Spaß machen würde: im Tierheim aushelfen, deine Nachbarin beim Einkaufen unterstützen oder sich als Babysitter anbieten.

Meditieren und Yoga machen: Nichts ist besser, als sich Routinen und Techniken der Meditation und des Yogas in Zeiten der Entspannung anzueignen, um diese in stressigeren Phasen anwenden zu können. Baue also jetzt schon vor!

Me-Time einplanen: Ganz wichtig: Achte darauf, dass du dir genügend Zeit für dich selbst nimmst. Jetzt ist das richtige Timing für neue Ideen, für Reflexion und für persönliches Wachstum. Dabei können Tagebuchführen oder Bullet-Journaling unterstützen.

Neues Semester planen: Die Planung des neuen Semesters ist enorm wichtig, um mit einer guten Struktur den Überblick zu behalten, nicht sofort wieder in ein Terminchaos zu geraten. Stelle dir dabei folgende Fragen:

- Welche Vorlesungen sind am wichtigsten?
- Gibt es Abgabefristen für Leistungsnachweise?
- Wann stehen die Prüfungen an?
- Gibt es Themen für Referate oder Hausarbeiten, die jetzt schon vergeben werden?
- Gibt es Literatur, die du jetzt schon in der Bibliothek vormerken lassen kannst?

11.6 Günstig reisen – die besten Tipps

Reisen muss nicht immer teuer sein! Hier erfährst du, wie du auch mit wenig Geld coole Urlaubsziele erreichen kannst.

Interrail-Global-Pass nutzen: Der Interrail-Pass ist ein Bahnpass, mit dem sich 33 Länder erkunden lassen. Du kannst in so viele Züge ein- und aussteigen, wie es dir beliebt und damit Europa entdecken. Vor allem für Personen bis 27 Jahre ist der Pass besonders günstig.

Wohnungstausch planen: Schon mal über einen Wohnungstausch mit einer anderen Person aus einer anderen Stadt nachgedacht? Vielleicht ist das ja etwas für dich.

Hostels buchen: Das Buchen von Hostels ist in der Regel günstiger als das Buchen eines Hotelzimmers. Besonders günstig wird es, wenn du Zimmer, in denen auch andere Personen schlafen buchst oder du Gemeinschaftsbadezimmer nutzt.

Campingurlaub planen: Camping im Zelt hat viele Vorteile: Du bist in der Natur und in der Regel ist es nicht sonderlich teuer. Viele Campingplätze verfügen mittlerweile über eine perfekte Infrastruktur.

Nur mit Handgepäck fliegen: Das Fliegen ist häufig wesentlich günstiger, wenn du nur mit Handgepäck verreist. Viele Fluganbieter verlangen zusätzlich Geld für das Gepäck. Du solltest außerdem darauf achten, dass du die Gepäckstück- bzw. die Gewichtsgrenze nicht überschreitest. Das kann teuer werden. Lieber zwei Pullis und noch eine Jacke übereinander anziehen.

Selbst kochen: In Restaurants essen gehen kann mitunter recht teuer werden. Insofern du die Möglichkeit hast, selbst zu kochen, solltest du das nutzen. Je nach Land bietet es sich beim Verreisen an, Grundnahrungsmittel wie z. B. Kaffee oder Gewürze von zu Hause mitzunehmen.

Fahrrad nutzen: Vielleicht hast du die Möglichkeit, ein (Klapp-)Fahrrad mit in den Urlaub zu nehmen, dann sparst du dir das Geld für die öffentlichen Verkehrsmittel vor Ort. Alternativ kannst du bei der Buchung nachfragen, ob Fahrräder ausgeliehen werden können.

Studierendenausweis nicht vergessen: Ein Studierendenausweis bietet dir tolle Vergünstigungen. Allerdings bringt er dir nichts, wenn du ihn zu Hause vergisst. Ggf. lohnt es sich auch, einen internationalen Ausweis bei der Uni zu beantragen.

Reiseangebote für Studierende nutzen: Auf bestimmten Internetseiten gibt es wirklich tolle und günstige Reiseangebote, wie z. B. bei „Urlaubspiraten" oder bei „Studententarife". Dort findest du Rabatte für Fernbusse, Flüge, Hotels und sogar Kreuzfahrten.

12. Erste Studentenbude! Wie du in der WG, im Wohnheim oder der eigenen Wohnung überlebst

Das erwartet dich in diesem Kapitel:

12.1 Wohnen im Wohnheim	12.2 Wohnen in der WG	12.3 Wohnen in der eigenen Wohnung
12.4 Die passende Wohnung finden	12.5 So geht Umzug	12.6 Überlebens-Tipps für die erste Wohnung

Im Jahr 2022 mussten Studierende in München im Schnitt 787 € für den monatlichen Mietpreis ausgeben. Auf Platz zwei rankte Stuttgart mit 786 € gefolgt von Berlin mit 718 €. Am günstigsten hingegen war das Wohnen in Leipzig und Magdeburg. Der Mietpreis lag in Leipzig bei 383 € und in Magdeburg bei 303 € (Wollny, 2023). Da es sich bei der statistischen Erhebung um eine studentische Musterwohnung von 30 Quadratmetern im Einzelzimmer handelte, heißt es natürlich nicht, dass es sich nicht auch in München, Stuttgart oder Berlin preiswerter wohnen lässt. WG-Zimmer oder Wohnheimzimmer können eine noch günstigere Alternative darstellen.

Von Zuhause ausziehen oder lieber nicht?

Wenn dein Hochschulort nicht allzu weit von deinem bisherigen Zuhause liegt, kannst du dir die Frage stellen, ob du tatsächlich an den Unistandort ziehst oder vorerst lieber zu Hause wohnen bleibst. Beides hat Vor- und Nachteile, die es abzuwägen gilt.

Von Zuhause ausziehen	Zu Hause wohnen bleiben
⊕ Vorteile	⊕ Vorteile
– Mehr Selbstständigkeit – Mehr Freiheiten – Näher am Studentenleben – Kürzerer Weg zur Uni	– Kein Umzug, keine Wohnungssuche – Kostenersparnis – Vorzüge des Zuhause-Wohnens – Vertrautes Umfeld
⊖ Nachteile	⊖ Nachteile
– Höhere Kosten durch Miete etc. – Ggf. Heimweh – Selbstständigkeit erfordert mehr Organisation	– Fahrtkosten beim Pendeln – Fernab vom Studentenleben – Geringere Freiheiten und Möglichkeiten zur Selbstständigkeit

12.1 Wohnen im Wohnheim

Das Wohnen in einem Studentenwohnheim ist eine sehr beliebte Wohnmöglichkeit. In einem Wohnheim lebst du mit vielen anderen Studierenden zusammen. Es gibt Einzelzimmer mit einem kleinen Bad und einer kleinen Kochnische oder Wohnungen, in denen du mit mehreren Personen zusammenwohnst und dir Küche und Badezimmer teilst.

Die Wohnkosten im Wohnheim sind überschaubar. Laut dem Deutschen Studentenwerk liegen die durchschnittlichen Bruttowarmmieten bei 266,68 € (Deutsches Studentenwerk, Stand: 2023). Natürlich ist das immer abhängig vom Standort.

Weitere Vorteile: Die Wege zur Uni sind meist nicht sonderlich weit und der Umzug ist schnell erledigt, da die Zimmer schon möbliert sind und über einen Internetanschluss verfügen.

Barrierefreie Wohnheimplätze

An vielen Standorten gibt es barrierefreie Wohnheimplätze. Dabei handelt es sich um Wohnungen, die so gestaltet sind, dass das Leben auch ohne fremde Hilfe für z. B. rollstuhlfahrende Studierende möglich ist.

Wohnheimplatz mit Kind

Häufig werden im Wohnheim auch einzelne Wohnungen für Studierende mit Kind oder Kindern angeboten. Die Appartements für die Familien sind meist größer und haben mehrere Zimmer und sind mit Kinderbetten möbliert.

Wie bewerbe ich mich für einen Wohnheimplatz?

Um einen Wohnheimplatz zu ergattern, solltest du dich baldmöglichst mit dem Studierendenwerk an deinem Studienort in Verbindung setzen. Die Vergabe ist unterschiedlich. Zum Teil werden die Wohnheimplätze nach Eingang der Bewerbung vergeben, zum Teil entscheidet das Los. Bestimmte Personengruppen wie z. B. körperlich eingeschränkte Studierende werden bei der Vergabe besonders berücksichtigt.

Gibt es mehrere Wohnheime in deiner Unistadt, hast du die Möglichkeit, Wünsche zum Wohnheim anzugeben. Lies dir hierzu Bewertungen im Internet durch und prüfe die Lage des Wohnheims. Ein Wohnheim, das direkt am Campus liegt, hat natürlich den riesigen Pluspunkt, Wegezeiten zu sparen oder in der Mittagspause schnell nach Hause gehen zu können. Liegt die Uni allerdings schon ab vom Schuss, wohnst du eben auch ab vom Schuss.

Selbsttest: Bin ich der Typ fürs Wohnheim?

Die Vorstellung, mit vielen anderen Studierenden in einem Haus zu wohnen, gefällt mir.

☐ Ja, absolut ☐ Nee, echt nicht ☐ Ist mir egal

Einen gemeinsamen Aufenthaltsraum, in dem ich z. B. mit anderen Kicker spielen kann, fände ich cool.

☐ Ja, absolut ☐ Nee, echt nicht ☐ Ist mir egal

Auch wenn andere die Musik lauter stellen oder feiern, ist das vollkommen ok.

☐ Ja, absolut ☐ Nee, echt nicht ☐ Ist mir egal

Die Vorstellung, mit anderen spontan und unkompliziert eine Wohnheim-Feier oder einen Fernsehabend zu veranstalten, finde ich super.

☐ Ja, absolut ☐ Nee, echt nicht ☐ Ist mir egal

Mit anderen in einem Haus zu wohnen und dennoch einen Rückzugsort in die eigenen vier Wände zu haben, klingt verlockend.

☐ Ja, absolut ☐ Nee, echt nicht ☐ Ist mir egal

Je häufiger du „ja“ oder „egal“ angekreuzt hast, desto wohnheimkompatibler bist du. Wenn du dir im Wohnheim mit anderen das Bad und die Küche teilen musst, solltest du dir die Fragen dazu beim WG-Check genauer ansehen.

12.2 Wohnen in der Wohngemeinschaft

Die Möglichkeit, mit anderen in eine WG zu ziehen, ist eine sehr beliebte Wohnform während des Studiums. Solltest du allerdings noch nie in einer Wohngemeinschaft gewohnt haben, ist es ratsam, die Vor- und Nachteile gegenüberzustellen. Mache dir auch Gedanken dazu, wie groß die WG sein darf und ob du mit Studierenden des anderen Geschlechts zusammenwohnen möchtest.

Vor- und Nachteile einer WG

⊕ Vorteile
- Kosten für z. B. das Internet können aufgeteilt werden.
- Möbel für gemeinschaftlich genutzte Räume (z. B. die Küche) sind schon vorhanden oder können gemeinsam angeschafft werden.
- An den Wochenenden ist man nicht allein (das kann auch ein Nachteil sein).
- In schwierigen Phasen hat man immer jemanden zum Reden.
- Man hat immer jemanden, der einen unterstützen kann.

⊖ Nachteile
- Badezimmer und Küche hat man nie für sich allein.
- Wenn man einen Freund oder eine Freundin mitbringt, hat man weniger Privatsphäre.
- Man muss sich mit anderen absprechen (Badnutzung, Putzplan etc.).
- Man muss es aushalten können, wenn WG-Mitbewohner oder WG-Mitbewohnerinnen ein anderes Sauberkeits- und Ordnungsempfinden haben.

Selbsttest: Bin ich der Typ für eine WG?

Ich kann mir vorstellen, die Küche mit anderen zu teilen.

☐ Ja, absolut ☐ Nee, echt nicht ☐ Ist mir egal

Wenn mein Joghurt aus dem Kühlschrank fehlt, finde ich es nicht so schlimm.

☐ Ja, absolut ☐ Nee, echt nicht ☐ Ist mir egal

Mit einem schmutzigen Herd und eingeweichtem Geschirr in der Spüle kann ich leben.

☐ Ja, absolut ☐ Nee, echt nicht ☐ Ist mir egal

Mit anderen spontan zu kochen und zusammen zu essen, finde ich schön.

☐ Ja, absolut ☐ Nee, echt nicht ☐ Ist mir egal

Ich kann mir vorstellen, mit anderen ein Bad zu teilen.

☐ Ja, absolut ☐ Nee, echt nicht ☐ Ist mir egal

Zahnpastaflecken im Waschbecken oder Haare im Abflusssieb finde ich nicht so schlimm.

☐ Ja, absolut ☐ Nee, echt nicht ☐ Ist mir egal

Selbst wenn ich mal spät dran bin, lasse ich mich von einem besetzten Bad nicht aus der Ruhe bringen.

☐ Ja, absolut ☐ Nee, echt nicht ☐ Ist mir egal

Auf Ordnung und Sauberkeit lege ich mittelmäßig viel wert.

☐ Ja, absolut ☐ Nee, echt nicht ☐ Ist mir egal

Wenn ich mitbekomme, dass meine WG-Mitbewohnerin oder mein WG-Mitbewohner Sex hat, stört mich das nicht im Geringsten.

☐ Ja, absolut ☐ Nee, echt nicht ☐ Ist mir egal

Nach einem stressigen Tag in der Uni, finde ich es gut, wenn andere schon zu Hause sind.

☐ Ja, absolut ☐ Nee, echt nicht ☐ Ist mir egal

Je häufiger du „ja" oder „egal" angekreuzt hast, desto WG-freundlicher bist du. Selbst die Macken anderer bringen dich nicht aus dem Gleichgewicht.

Welche WG passt zu mir?

Wenn du nun herausgefunden hast, dass das WG-Leben genau dein Ding ist, dann heißt es noch lange nicht, dass du in jeder WG glücklich wirst. Eine WG mit einer Mitbewohnerin kann genau zu dir passen, während du in einer chaotische 5er-WG möglicherweise keinen Spaß hast.

Überlege dir folgende Fragen:

- Wie groß sollte die WG maximal sein?
- Sollen in der WG nur Männer oder ausschließlich Frauen wohnen?
- Wie alt sollen deine Mitbewohner und Mitbewohnerinnen sein?
- Sollen die Personen in der WG auch studieren?
- Stört es dich, wenn in der WG geraucht wird?
- Welche Koch- und Essgewohnheiten hast du und welche Gewohnheiten sind dir bei anderen Personen wichtig?

- Welche Sprache(n) kannst du und welche Sprache(n) sollte(n) in der WG gesprochen werden?
- Sind Haustiere in der WG für dich okay?
- Ist es für dich okay, wenn ein Kind mit in der WG wohnt?
- Ist es für dich okay, wenn es in der WG ein Pärchen gibt?
- Möchtest du eher eine WG, in der jeder sein Ding macht oder möchtest du lieber eine WG, wo man viel zusammen unternimmt?

Das WG-Casting

Du suchst eine WG, hast bereits die Einladung zur Besichtigung bekommen oder suchst selbst nach einem neuen Mitbewohner oder einer neuen Mitbewohnerin? Eine gute Vorbereitung auf das Casting kann dich vor bösen Überraschungen bewahren.

Was musst du beim WG-Casting beachten?

Wenn du mit der neuen WG Kontakt aufnimmst, kannst du natürlich direkt anrufen oder eine Mail schreiben. Gehe auf die bestimmten Punkte ein, die in der WG-Anzeige aufgeführt sind. Ein paar Stichpunkte zu deiner Person, zu deinem Studienfach und deinen Hobbys können nicht schaden.

Wenn du einen Besichtigungs- und Kennenlerntermin für eine WG bekommen hast, solltest du ein paar Aspekte (die übrigens auch generell für Wohnungsbesichtigungen gelten) beachten. Hier gilt – wie so oft im Leben: Der erste Eindruck zählt.

- Sei pünktlich.
- Solltest du zu spät kommen, ruf unbedingt an.
- Sollte dir etwas dazwischenkommen, bitte rechtzeitig um einen neuen Termin (allerdings ist die Chance groß, dass das Zimmer dann bereits an eine andere Person vergeben wurde).
- Komme nicht in deinen ältesten Klamotten.
- Komme nicht total overdressed.
- Komme halbwegs gepflegt und frisch geduscht (wer will schon einen nach Schweiß riechenden neuen Mitbewohner oder eine neue Mitbewohnerin mit fettigen Haaren?).
- Bringe deine Eltern besser nicht zur Besichtigung mit.
- Äußere dich nicht negativ zu den Essgewohnheiten oder der Einrichtung der WG-Mitglieder.
- Beginne nicht sofort, alles mit dem Zollstock auszumessen.
- Gehe respektvoll mit anderen Bewerbern oder Bewerberinnen um.
- Hast du Bedenken, dass du die Miete nicht zahlen kannst? Erwähne hierzu nichts beim Castingtermin, sondern rechne es dir nach der Besichtigung noch mal in Ruhe durch.
- Bereite dich auf den Besichtigungstermin mit gezielten Fragen vor (zu fragen, wie die WG das Putzen regelt ist okay, die Frage, ob es einen detaillierten Putzplan gibt und ob dieser auch von allen eingehalten wird, kann spießig wirken).

- Überlege dir, wie du dich in das WG-Leben einbringen kannst (z. B. kochen, Gitarre spielen, den Hasen der Mitbewohnerin mitversorgen, eine Waschmaschine mitbringen).
- Sei authentisch und versuche nicht etwas vorzuspielen, was du nicht bist.

Nach der WG-Besichtigung hast du mit Sicherheit ein Bauchgefühl, das zunächst in eine Richtung tendiert. Waren dir die Personen sympathisch? Hat dir die Aufteilung der Zimmer gefallen? Hat dir dein mögliches WG-Zimmer gefallen? Hast du dich in der WG wohlgefühlt? Wenn du diese Fragen mit „nein" beantwortest – Finger weg! Andernfalls kannst du nur hoffen, dass auch du für deine potenziellen Mitbewohner und Mitbewohnerinnen die erste Wahl bist. Vereinbare am Ende der Besichtigung einen festen Termin, bis wann sich die WG-Mitglieder bei dir melden und ob sie sich auch bei einer möglichen Absage melden.

Das Video-Casting

Wenngleich es immer günstiger ist, sich persönlich die WG anzusehen, so können triftige Gründe dagegensprechen. Wohnst du selbst in Süddeutschland und bist auf der Suche nach einem WG-Zimmer in Hamburg, so kann es durchaus möglich sein, ein Video-Casting zu erbitten. Achte beim Video-Casting auf folgende Punkte:
- Wähle dieselben Klamotten, die du auch sonst bei der WG-Besichtigung tragen würdest.
- Achte auf ein gepflegtes Äußeres.
- Achte auf eine stabile Internetverbindung.
- Achte auf einen gut gewählten Hintergrund und einen guten Kameraausschnitt während des Online-Meetings.

Eine eigene WG gründen

Du findest irgendwie nicht die passende WG? Miete doch selbst eine Wohnung und gründe eine WG. Erstens kannst du dir eine Wohnung mieten, die dir gefällt und zweitens kannst du dir deinen künftigen Mitbewohner oder deine künftige Mitbewohnerin selbst aussuchen. Überlege dir im Vorfeld, ob du lieber eine 2er WG oder eine größere WG gründen magst, ob du nur mit Personen des gleichen oder des anderen Geschlechts zusammenziehen möchtest usw. Insgesamt ist es etwas mehr Aufwand, aber das kann sich auf längere Sicht definitiv auszahlen.

12.3 Wohnen in der eigenen Wohnung

Die erste eigene Wohnung! Allein die Vorstellung ist für viele Studierende toll. Endlich kann man alles nach seinen Vorstellungen gestalten und tun und lassen, was man möchte. Aber auch hier gibt es einige Aspekte, die möglicherweise dagegensprechen.

Vor- und Nachteile einer eigenen Wohnung

⊕ Pro
- Du kannst alles nach deinen Wünschen gestalten.
- Du musst dich nicht mit anderen absprechen.
- Du hast Küche und Bad für dich alleine.
- Du hast einen eigenen Rückzugsort und Ruhe.

⊖ Contra
- Du musst Mietkosten und Nebenkosten vollständig allein tragen.
- Du musst gut mit dir selbst auskommen können.
- Du musst dich vollständig einrichten und Möbel kaufen.

Letztlich ist es nicht dramatisch, wenn du dich zunächst für eine Wohnform entscheidest, die nicht hundertprozentig zu dir passt. Viel wichtiger ist es, erst mal in der neuen Stadt anzukommen und Kontakte zu knüpfen. Je größer dein Netzwerk, desto eher ergeben sich Möglichkeiten. Wenn du merkst, dass das Wohnen in der eigenen Wohnung doch nicht zu dir passt, kannst du jederzeit in ein WG-Zimmer ziehen. Und auch dort wirst du keinen Vertrag unterschrieben, der dich bis an dein Lebensende an die Wohngemeinschaft kettet.

12.4 Wie finde ich eine Wohnung oder ein WG-Zimmer?

Stöbere auf Immobilienplattformen

Im Internet findest du neben den klassischen Immobilienportalen auch Plattformen, die sich auf die Wohnungssuche von Studierenden spezialisiert haben:
- Immoscout24.de
- Studenten-wg.de
- WG-gesucht.de
- Wohngemeinschaft.de
- Immowelt.de
- Kleinanzeigen.de

Darüber hinaus werden häufig auf bestimmten Social-Media-Kanälen Wohnungen oder WG-Zimmer angeboten.

Schalte selbst eine Anzeige

Ein Blick auf das Schwarze Brett in der Uni lohnt sich definitiv bei der Wohnungssuche. Dort kannst du auch selbst einen Aushang veröffentlichen. Zusätzlich kannst du eine Anzeige bei einem der oben genannten Portale schalten. Grundsätzlich gilt: Je größer dein Netzwerk, desto größer die Chance, dass du von einer frei werdenden

Wohnung oder einem WG-Zimmer hörst. Sprich alle Menschen an, die du kennst und halte Augen und Ohren offen.

Bitte deine Eltern um eine Bürgschaft

Gerade, wenn du noch kein festes Einkommen hast, ist es manchen Vermietern zu riskant, die Wohnung an Studierende zu vermieten. Bitte deshalb deine Eltern um eine Bürgschaft und biete das dem künftigen Vermieter oder der künftigen Vermieterin an. Dadurch können deine Chancen steigen, die Wohnung zu bekommen.

Wie kann man die Zeit überbrücken, wenn man zum Semesterstart noch keine Wohnung hat?

Auch wenn du zum Semesterstart noch keine Wohnmöglichkeit hast, musst du dir keine großen Sorgen machen. Es gibt immer wieder Studierende, die nach kurzer Zeit das Studium abbrechen und froh sind, wenn sie ihre Wohnung oder ihr WG-Zimmer schnell nachvermieten können.

Zudem hast du folgende Möglichkeiten, um die Zeit zu überbrücken:
- Jugendherberge oder Hostel: Das Übernachten in einem 12er-Schlafsaal in einer Jugendherberge ist vielleicht nicht unbedingt die komfortabelste Möglichkeit, aber es ist ja nur für den Übergang.
- Airbnb: Wenn du über diese Plattform gleich einen ganzen Monat mietest, ist die Chance nicht ganz unrealistisch, dass du einen Rabatt erhältst.
- Bus oder Wohnwagen: Gibt es in deiner Familie einen Bus oder einen Wohnwagen, den du übergangsweise nutzen kannst? In den Sommermonaten lässt es sich für eine begrenzte Zeit auch dort aushalten.
- Couchsurfing: Bitte Kommilitonen, Freunde, Verwandte oder Bekannte, ob sie dich für einzelne Tage auf ihrer Couch schlafen lassen.
- Pendeln: Wenn das Zuhause deiner Eltern nicht zu weit von deiner Unistadt entfernt ist, kann man für eine gewisse Zeit auch pendeln.

12.5 Wie geht Umziehen?

Der erste Umzug ist immer eine spannende Erfahrung! Mit dieser Checkliste für deinen Umzug bist du bestens gewappnet.

Checkliste für deinen Umzug

- ☐ Überlege dir, an welchem Tag der Umzug stattfinden soll.
- ☐ Frage Familienmitglieder und Freunde, ob sie dir beim Umzug helfen können.
- ☐ Bestelle rechtzeitig Möbel, insofern du welche benötigst.
- ☐ Prüfe, ob du gebrauchte Möbel kaufen kannst.
- ☐ Organisiere für den Tag ein großes Auto.

- ☐ Melde den Umzug an, um für den Umzugstag ein Sonderparkrecht vor dem Haus zu bekommen.
- ☐ Sorge für ausreichend Umzugskartons.
- ☐ Beginne rechtzeitig mit ausmisten und packen.
- ☐ Gib einen Nachsendeantrag bei der Post auf.
- ☐ Beschrifte deine Umzugskartons (z. B. Klamotten, Küchenutensilien, Keller).
- ☐ Prüfe, ob du Strom anmelden musst.
- ☐ Prüfe, ob du einen Internetanschluss beantragen musst.
- ☐ Beschrifte die Klingel und den Briefkasten mit deinem Namen.
- ☐ Melde dich beim Einwohnermeldeamt an.
- ☐ Melde dich bei der GEZ (Gebühreneinzugszentrale der öffentlich-rechtlichen Rundfunkanstalten).
- ☐ Gib Behörden und Freunden deine neue Adresse.
- ☐ Genieße die Zeit des Einrichtens und des Ankommens in deiner neuen Wohnung.

12.6 Überlebenstipps für die erste eigene Wohnung

Mit dem Einzug in die erste Wohnung braucht man zwangsläufig ein paar Basics. Natürlich kann man sich die Bohrmaschine auch mal aus der Nachbarschaft leihen. Aber wenn du dir, wie das Känguru in den Känguru-Chroniken, zum Eierkuchenbacken vom Nachbarn Eier, Salz, Milch, Mehl, Pfanne, Öl, Rührgerät und eine Schüssel zum Mixen ausleihen willst, dann ist es entweder eine gute Kennenlernmethode oder ziemlich peinlich. Um nicht wie das Känguru dazustehen, erhältst du einen Überblick, was du als Grundausstattung unbedingt benötigst. Wenn dir die komplette Anschaffung zu teuer ist, kannst du Eltern, Großeltern oder Verwandte fragen, ob sie Küchenutensilien für dich haben. Für den Anfang reichen auch gebrauchte Gegenstände. Oder du lässt dir zur Einzugsparty Putzmittel und einen Kochlöffel schenken. Hier kannst du dir eine Checkliste zur Grundausstattung für deine erste Wohnung ausdrucken:

Checkliste: Grundausstattung erste Wohnung

DOI: 10.36198/9783825261269-m15

Wäschewaschen leichtgemacht

Wenn deine Wäsche bisher zu Hause gewaschen wurde, dann solltest du ein paar Regeln beim Wäschewaschen beherzigen. Andernfalls passen deine Pullover am Ende deiner kleinen Schwester und deine weißen T-Shirts haben einen Batik-Look.

Das brauchst du Wäschewaschen

- Abwurfbehälter für Schmutzwäsche
- Waschmaschine
- Waschmittel
- Wäscheständer

So geht Wäschewaschen

1. Schritt: Wäsche vorsortieren und kontrollieren.

Sortiere deine Wäsche und mache unterschiedliche Haufen: weiße Wäsche, schwarze Wäsche, der Rest ist Buntwäsche. Rote Wäsche solltest du separat waschen. Sehr empfindliche Wäsche kannst du in ein Wäschenetz geben. Hierzu zählen z. B. Bügel-BHs (Cave: Bügel lösen sich hin und wieder in der Waschmaschine und können dazu führen, dass die Waschmaschine nicht mehr funktioniert!). Bevor die Wäsche in die Maschine kommt, musst du unbedingt die Taschen auf Gegenstände überprüfen und ausleeren. Mitgewaschene Papiertaschentücher können unschöne Spuren auf der gesamten Wäsche hinterlassen.

2. Schritt: Programm richtig auswählen.

- 30–40°C: T-Shirts, Pullover, Hosen, Pullover, Hemden, Blusen
- 60°C: Unterwäsche (außer Spitzenunterwäsche), Socken, Handtücher, Bettwäsche
- 95°C: Sehr stark verschmutzte Wäsche z. B. Bettwäsche – aber eigentlich benötigt man 95°C nie

Waschsymbole lesen

Prüfe vor dem Waschen immer die Etiketten in der Kleidung. Auf diesen sind Symbole vermerkt, die du beim Waschen und Bügeln berücksichtigen solltest. Hier geht's zu den Waschsymbolen und deren Bedeutung:

QR-Code: Waschsymbole

Welches Waschmittel verwenden?

Vollwaschmittel ist vorwiegend für weiße Wäsche bis zu 95°C geeignet – hier sind Aufheller im Waschmittel, sodass weiße Wäsche keinen Grauschleier bekommt. Vollwaschmittel sollte somit nicht für bunte oder schwarze Wäsche verwendet werden.

Colorwaschmittel ist für bunte Wäsche bis 65°C geeignet – das Waschmittel pflegt die Farben und verhindert, dass die Farben nicht auf andere Stoffe übergehen.

Feinwaschmittel ist für feine und synthetische Textilien bei niedrigen Temperaturen geeignet – Feinwaschmittel schäumen stärker und enthält keine Aufheller oder Bleichmittel.

Wollwaschmittel ist für kuschelige Wollpullover bei niedrigen Temperaturen geeignet – die Zusammensetzung ist mit Shampoo vergleichbar.

Weichspüler können dafür sorgen, dass Wäsche angenehm riecht und kuschelig weich wird. Gut für die Umwelt sind sie aber weniger.

Wäsche aufhängen

Nach dem Waschen sollte die Wäsche nicht ewig in der Trommel verbleiben, sonst fängt sie an, modrig zu riechen. Also raus damit und aufhängen. Wäscheklammern benötigst du normalerweise nur dann, wenn du die Wäsche im Garten oder auf dem Balkon aufhängst. Andernfalls findest du deine Unterhosen bei windigem Wetter auf der Terrasse deiner Nachbarin.

Wäschebügeln leichtgemacht

Das brauchst du zum Bügeln

- Bügeleisen
- Bügelbrett

So geht Bügeln

Sobald deine Wäsche getrocknet oder fast getrocknet ist, kannst du sie von der Leine nehmen und bügeln. Bei vielen Wäschestücken, wie z. B. Handtüchern, Bettwäsche, Unterwäsche oder Socken, kannst du dir das Bügeln sparen. Auch bei T-Shirts, Pullovern und Jeans kann das Bügeln entfallen, insofern du sie ordentlich aufgehängt hast. Hemden oder Blusen benötigen hingegen etwas Dampf. Wenn du kein Bügelbrett hast, kannst du auch ein Handtuch auf den Esszimmertisch legen und dann mit dem Bügeln loslegen. In den meisten Fällen haben die Kleidungsstücke einen Bügelhinweis. Wenn du kein Etikett mehr hast, taste dich langsam vor und beginne zunächst mit einer niedrigen Temperatur. Hast du noch nie gebügelt? Starte mit einem Geschirrtuch (was du sonst natürlich nicht bügeln würdest), steigere dich zu einem T-Shirt, um zur Königsdisziplin, dem Hemd oder der Bluse, zu gelangen. Reingebügelte Falten kannst du entfernen, indem du Wasser auf die Stelle sprühst (z. B. mit einem Wassersprüher für Blumen) und die Stelle noch mal bügelst. Sollte es beim ersten Mal nicht so gut klappen – mach dir nichts draus! Es ist noch kein Bügelmeister vom Himmel gefallen. Sieh dir ein You-Tube Video dazu an und probiere es weiter.

Ärger mit Nachbarn vermeiden

Wilde Partys, Lärm oder Dreck im Hausflur sind häufig Gründe für Nachbarschaftsstreitereien. Mit diesen Tipps kommt es erst gar nicht so weit:

Tipps für ein harmonisches Miteinander mit der Nachbarschaft

- Stell dich beim Einzug bei deinen Nachbarn vor.
- Halte Ruhezeiten ein (nicht in der Nacht mit Bohrarbeiten beginnen).
- Informiere Nachbarn, wenn es lauter wird (Umzug, Party etc.).
- Halte die Hausordnung ein.
- Parke nicht auf dem Parkplatz des Nachbarn.
- Prüfe die Vorgaben zum Grillen in deinem Mietvertrag.
- Prüfe die Vorgaben zum Rauchen in deinem Mietvertrag.
- Prüfe die Vorgaben zur Tierhaltung in deinem Mietvertrag.
- Beseitige Dreck, der auf Gemeinschaftsflächen von dir oder deinen Gästen verursacht wurde.

Kommt es dennoch zu Streitereien im Haus, versuche, mit dem Nachbarn oder der Nachbarin ins Gespräch zu gehen.

13. Studentenküche leichtgemacht! Wie du dich auch mit geringem Budget gesund und nachhaltig ernährst

Das erwartet dich in diesem Kapitel:

13.1 Das Studenten-küchen-1x1	13.2 Das solltest du immer zu Hause haben	13.3 Spartipps und Küchen-Lifehacks
13.4 Meal-Prepping	13.5 Leckere Rezeptideen bei kleinem Budget	13.6 Urban Gardening und Selbstversorgung

13.1 Das Studentenküchen-1x1

Das Studentenküchen-1x1 ist ein Guide, der nützliche Hinweise rund um die Themen Kochen und Küche bereithält.

Kartoffelsorten

- Festkochende Kartoffeln: geeignet für Kartoffelsalat, Bratkartoffeln
- Vorwiegend festkochende Kartoffeln: geeignet für Salzkartoffeln, Pellkartoffeln, Ofenkartoffeln, Kartoffelauflauf, Kartoffelpuffer, Suppen
- Mehlig kochende Kartoffeln: geeignet für sämige Eintöpfe, Kartoffelpüree, Kroketten
- Neue oder frühe Kartoffeln: geeignet für Salzkartoffeln, Pellkartoffeln

Eier und ihre Kennzeichnung

Seit 2004 gibt es auf Eiern eine einheitliche europäische Kennzeichnung: Beispiel: 0-DE-0954321. Das sagt die Nummer aus:

Haltungsform

Die erste Zahl (0) gibt Auskunft über die Haltungsform.

0 = Eier aus ökologischer Erzeugung
1 = Eier aus Freilandhaltung
2 = Eier aus Bodenhaltung
3 = Eier aus Käfighaltung

Herkunftsland

Die Buchstaben (DE) geben Auskunft über das Herkunftsland (z. B. DE = Deutschland, AT = Österreich, IT = Italien).

Bundesland

01 = Schleswig-Holstein	09 = Bayern
02 = Hamburg	10 = Saarland
03 = Niedersachsen	11 = Berlin
04 = Bremen	12 = Brandenburg
05 = Nordrhein-Westfalen	13 = Mecklenburg-Vorpommern
06 = Hessen	14 = Sachsen
07 = Rheinland-Pfalz	15 = Sachsen-Anhalt
08 = Baden-Württemberg	16 = Thüringen

Die zwei Nummern (09) nach den Buchstaben stehen für das Bundesland.

Die Betriebsnummer

54321 = mit dieser Nummer lassen sich Betrieb und Stall genau zuordnen.

Abkürzungen und Maßeinheiten beim Kochen

EL = Esslöffel
TL = Teelöffel
Pf = Pfund (= 500g)
Gestr. = gestrichen
Msp. = Messerspitze
Pck. = Päckchen/Packung
Pr. = Prise
TK = Tiefkühlkost
Bn/Bd = Bund

mg = Milligramm
g = Gramm (1 g = 1000 mg)
kg = Kilogramm (1 kg = 1000 g)
ml = Milliliter
cl = Zentiliter (1 cl = 10 ml)
l = Liter (1 l = 100 cl = 1000 ml)
1/2 l = 500 ml
1/4 l = 250 ml
1/8 l = 125 ml

Mengenangaben beim Kochen

Zutat	1 TL	1 EL
Wasser	5g	10g
Milch	4g	8g
Öl	4g	8g
Butter	4g	12g
Zucker	5g	15g
Mehl	3g	10g
Salz	5g	15g

- 1 Prise = was zwischen Daumen und Zeigefinger passt
- 1 Messerspitze = 3–4 Prisen
- 1 Spritzer = 4–5 Tropfen
- 1 Tasse = 150 ml Flüssigkeit

13.2 Das solltest du immer zu Hause haben

Selbstverständlich richten sich die Lebensmittel, die du immer zu Hause haben solltest, nach deinen Wünschen und deinem Geschmack. Die folgenden Lebensmittel sind eher als Anregung zu sehen, die in deiner Vorratshaltung sein könnten.

Getränke

- Wasser
- Kaffee
- Milch

Grundnahrungsmittel

- Nudeln
- Reis
- Couscous
- Quinoa
- Müsli oder Haferflocken
- Tofu
- Marmelade
- Öl
- Essig
- Mehl
- Zucker
- Eier
- Reiswaffeln

- Brot
- Nussmischung

Konserven oder Tiefkühlkost

- Gehackte Tomaten
- Mais
- Bohnen
- Erbsen
- Möhren
- Obst

Gewürze

- Salz
- Pfeffer
- Basilikum
- Oregano
- Rosmarin
- Thymian
- Paprika
- Curry
- Zimt
- Senf
- Ketchup

Frisches Obst und Gemüse

13.3 Spartipps und Küchen-Lifehacks

Clever sparen mit diesen Tipps

Niemals mit leerem Magen einkaufen: Wer hungrig einkaufen geht, neigt dazu, deutlich mehr zu kaufen. Im Einkaufswagen landen zudem Lebensmittel, die eigentlich nicht benötigt werden. Schreibe dir am besten im Vorfeld eine Einkaufsliste und orientiere dich daran.

Wochenplan erstellen: Das Erstellen eines Wochenplans hat mehrere Vorteile: Es spart Zeit! Du musst nicht mehr jeden Tag in den Supermarkt, um einzukaufen und gleichzeitig musst du dir keine Gedanken mehr machen, was an den einzelnen Wochentagen auf den Tisch kommen soll.

Großpackungen kaufen: Großpackungen sind im Verhältnis oft deutlich günstiger als kleinere Mengen. Kaufst du beispielsweise gleich ein großes Netz Kartoffeln, heißt es ja noch lange nicht, dass du für die nächsten zwei Wochen Pellkartoffeln essen musst. Aus Kartoffeln lassen sich nicht nur vielseitige Gerichte zubereiten, sie sind bei der richtigen Lagerung auch lange haltbar.

Mindesthaltbarkeitsdatum richtig deuten: In Deutschland landen täglich tonnenweise Lebensmittel im Müll. Das liegt unter anderem daran, dass viele Personen das Mindesthaltbarkeitsdatum (MDH) falsch interpretieren. Hierbei handelt es sich nämlich nicht um das Verfallsdatum, an dem das Lebensmittel entsorgt werden muss. Halte somit im Supermarkt Ausschau nach Produkten, deren MHD abgelaufen ist. Diese werden häufig zu einem deutlich günstigeren Preis angeboten.

Bücken und Strecken: Im Supermarkt befinden sich die teureren Produkte meistens auf Augenhöhe, während die günstigeren Alternativen ganz oben oder ganz unten im Regal zu finden sind. Mache dir deshalb immer die Mühe, den Blick ganz nach oben oder ganz nach unten schweifen zu lassen, da sich dort die sogenannte „Bück- und Streckware" befindet. Das sind meist Eigenmarken des Discounters, hinter denen sich vielfach Markenprodukte verstecken.

Mehrere Portionen kochen: Mehrere Portionen vorkochen spart nicht nur Zeit, sondern auch Geld. Einerseits kannst du größere Packungen kaufen, die im Verhältnis meist günstiger sind und andererseits sparst du Energie, da du nicht jeden Tag die Kochplatten oder den Ofen benutzen musst.

Reste verwerten: Du findest im Kühlschrank noch drei Karotten, die langsam anfangen, etwas schrumpelig zu werden, eine halbe Paprika und vier Kartoffeln? Prima! Schneide alle Gemüsereste klein, brate sie an und mache daraus eine Nudelsoße oder ein Omelett. Es ist einfach viel zu schade, Lebensmittel wegzuschmeißen.

Heizung in der Küche runterdrehen: Natürlich sollst du in deiner Küche nicht frieren. Allerdings produzieren Backofen und Herdplatten enorm viel Wärme. Stelle somit vor dem Kochen deine Heizung etwas niedriger oder schalte sie komplett aus, bevor du im Winter das Küchenfenster öffnen oder im T-Shirt kochen musst.

Mit weniger Wasser kochen: Passe die Wassermenge an deine Speisen an. Oft reicht es aus, wenn die Lebensmittel mit Wasser bedeckt sind. Darüber hinaus sparst du Zeit, bis das Wasser kocht. Das Wasser im Wasserkocher vorzukochen, bevor man es in den Topf gibt, spart Zeit und Energie.

Mit Deckel kochen: Wer mit Deckel auf dem Topf kocht, spart bis zu einem Viertel Energie ein. Außerdem wird der Siedepunkt schneller erreicht und somit sparst es auch noch Zeit.

Küchen-Lifehacks

Was tun, wenn das Essen angebrannt ist? → Auf keinen Fall umrühren! Das Essen vorsichtig in einen anderen Topf umfüllen und den angebrannten Boden im alten Topf belassen.

Was tun, wenn die Soße klumpt? → Die Soße durch ein feines Sieb drücken.

Was tun, wenn das Essen versalzen ist? → Rohe Kartoffeln, Möhren oder Brot ziehen überschüssiges Salz aus dem Essen (z. B. Tomatensoße). Große Stücke hinzugeben, mitkochen lassen und wieder aus dem Essen nehmen. Du kannst auch Milch oder Crème fraîche in die Speise geben.

Was tun, wenn das Gericht im Backofen zu schnell bräunt? → Alufolie auf das Gericht geben.

Was tun, wenn das Brötchen weich und matschig ist? → Das alte Brötchen mit etwas Wasser beträufeln und es auf den Toaster oder in den Backofen geben. So schmeckt es wieder knusprig frisch.

Was tun, um die perfekte Pasta-Soße zu machen? → Ein paar EL vom Nudelwasser in die Nudelsoße geben. Die Stärke aus dem Nudelwasser sorgt für eine cremigere Soße.

Was tun, wenn Motten oder Maden in der Küche sind? → Herausfinden, in welchen Lebensmitteln (z. B. Mehl, Müsli, Reis) sich die Maden befinden. Die befallenen Lebensmittel müssen weggeschmissen und die Schubladen mit Essigwasser ausgewaschen werden.

Was tun, wenn Fruchtfliegen in der Küche sind? → Befallene Lebensmittel (z. B. überreifes Obst) entfernen. Alles gründlich reinigen und gut lüften. Alternativ kann man Apfelessig mit ein paar Tropfen Spülmittel in ein Schälchen geben. Der Essiggeruch zieht die Fliegen an und das Spülmittel hebt die Oberflächenspannung auf. Die Fruchtfliegen gehen unter.

Kann man das Ei noch essen? → Das Ei in ein Wasserbehältnis legen. Frische Eier bleiben auf dem Boden liegen. Ein älteres Ei richtet sich auf oder schwimmt an die Oberfläche, da die Luftkammer vergrößert ist.

Ist das Ei roh oder hart gekocht? → Im Kühlschrank befindet sich ein Ei und man möchte herausfinden, ob es bereits gekocht wurde? Nichts leichter als das! Einfach das Ei auf der Tischplatte kreiseln lassen. Ist es roh, „eiert" es vor sich hin, ist es gekocht, dreht es sich schnell.

13.4 Meal-Prepping

Gerade wenn der Stundenplan an manchen Tagen überquillt, scheint es fast unmöglich zu sein, Zeit zum Kochen zu finden – geschweige denn, gesund zu kochen. Das muss aber nicht sein! Wenn du die Grundzüge des „Meal-Preppings" (deutsch: Essensvorbereitung) verstanden hast, kannst du nicht nur Zeit und Geld sparen, sondern leistest auch noch einen Beitrag für die Umwelt. Gleichzeitig bringst du Abwechslung in deinen Ernährungsplan und musst nicht ständig auf überteuerte Produkte vom Bäcker zurückgreifen.

Equipment für das Meal-Prepping

Zur Grundausstattung für das Meal-Prep gehören:

- Meal-Prep-Behältnisse
- Besteck (z. B. Göffel)

Natürlich kannst du dir direkt schicke Meal-Prep-Boxen zulegen, aber vorerst kommst du auch mit Behältnissen aus, die du schon besitzt. Hierzu gehören Plastikdosen oder Glasboxen. Gläser von eingemachtem Obst oder Gemüse (z. B. Essiggurkengläser) sind ideal für Suppen, Smoothies, Overnight Oats oder Salate. Achte darauf, dass die Dosen gut verschließbar und lebensmittelgeeignet sind und nicht auslaufen können. Wer will schon Kartoffelsuppe aus dem Rucksack kratzen müssen?!

Empfehlenswert ist die Anschaffung eines Göffels. Hierbei handelt es sich um ein Tool, das Löffel und Gabel in einem vereint. Für das Einpacken von Sandwiches eignen sich Bienenwachstücher.

Möchtest du dir dennoch ein paar neue Meal-Prep-Boxen anschaffen? Dann hast du verschiedene Möglichkeiten:

Meal-Prep-Boxen aus Glas: Glasboxen mit Plastikdeckeln, die seitlich zum Einklicken sind, haben den Vorteil, dass sie zu 100 % auslaufsicher sind. Darüber hinaus lassen sich z. B. Aufläufe direkt in ihnen backen und können auch in der Glasschale erhitzt werden.

Meal-Prep-Boxen aus Edelstahl: Sicherlich hast du für die Aufbewahrung von Speisen schon mal eine von diesen mehrstufigen Edelstahldosen gesehen. Bei den sogenannten „Indian-Tiffins" lassen sich beispielsweise Reis, Gemüse und Salat in einzelne Teilen befüllen, die dann zu einer Dose aufeinandergestapelt und verschlossen werden. Sie sind nicht nur absolut stylish, sondern auch langlebig und vielseitig einsetzbar. Natürlich gibt es auch einzelne Edelstahldosen, die du verwenden kannst.

Meal-Prep-Dosen aus Plastik: Hier solltest du darauf achten, dass es sich um hochwertiges, BPA-freies Plastik handelt. Plastikdosen eignen sich in der Regel nicht, um sie in die Mikrowelle oder den Ofen zu stellen. Es sei denn, das Geschirr ist mikrowellengeeignet. Im Gegensatz zu Boxen aus Glas sind die Varianten aus Plastik wesentlich leichter und selbst wenn dir die Dose mal zu Boden fällt, geht sie nicht kaputt.

Meal-Prep-Planung und Vorkochen

Plane am Wochenende, was du in der folgenden Woche kochen möchtest. Überprüfe im ersten Schritt, was du noch im Kühlschrank und in deinen Vorräten hast und was davon unbedingt aufgebraucht werden muss. Das Vorplanen hat den Vorteil, dass man sich nicht jeden Tag 1.000 Gedanken machen muss, was es zu essen geben soll. Außerdem ist die Gefahr geringer, Lebensmittel wegschmeißen zu müssen.

Wenn du es ganz einfach machen möchtest, kochst du am Wochenende einen großen Topf Chili sin oder con Carne und frierst es portioniert ein. So kannst du dir für jeden Tag eine Portion aus dem Gefrierfach nehmen. An einem Tag gibt es Baguette dazu, an einem Tag gibt es Nudeln. Auch so lässt sich abwechslungsreich kochen.

13.5 Leckere Rezeptideen bei kleinem Budget

Hier findest du einige Rezepte für Frühstück, Mittag- oder Abendessen. Alle Gerichte eignen sich auch hervorragen, um sie als Snack mit in die Uni zu nehmen.

Alle Rezepte sind:

- Kostengünstig
- Schnell zubereitet
- Geeignet für Meal-Prep
- Vegetarisch
- Gesund und lecker

Frühstück

Overnight Oats

- 150 g Haferflocken
- 2 EL Chiasamen
- 450 ml Flüssigkeit (z. B. Wasser oder Mandelmilch)
- Toppings (z. B. Nüsse, Früchte)
- Gewürze (z. B. Zimt, Vanille)

1. Mische die Haferflocken mit den Chiasamen, der Flüssigkeit und dem Gewürz.
2. Fülle die Mischung in 2-3 Gläser und stelle alles über Nacht in den Kühlschrank.
3. Das Topping solltest du erst kurz vor dem Verzehr hinzugeben.

Extra-Tipp: Wenn du die Haferflocken mit den Chiasamen und der Flüssigkeit in einem Topf erwärmst und kurz aufkochen lässt, kannst du die Oats auch warm genießen.

Himbeer-Bowl

- 2 Bananen
- 200 g Himbeeren (TK)
- 4 EL Magerquark
- 150 ml Milch (oder pflanzliche Alternative)
- 2 EL Haferflocken
- Etwas Honig
- Topping: Mandeln, Leinsamen, Chiasamen

1. Die Bananen stückeln und ein paar Scheiben für das Topping übrig lassen.
2. Die Bananen, die gefrorene Himbeeren, den Quark, die Milch, die Haferflocken und den Honig im Standmixer oder mit dem Pürierstab mixen.
3. Den Mix in Gläser oder Schüsseln abfüllen und mit dem Topping dekorieren.

Extra-Tipp: Du kannst für die Bowl jegliche Obstsorten verwenden. Je nach Wassergehalt der Früchte wird es dann eher ein trinkbarer Smoothie oder eine löffelbare Bowl.

Pancakes

- 250 g Mehl
- 2-3 EL Zucker
- 2 TL Backpulver
- 1 Prise Salz
- 2 Eier
- 200 g Milch
- 2 EL Öl oder Butter zum Anbraten

1. Das Mehl mit dem Zucker, dem Backpulver und dem Salz vermischen.
2. Die Eier und die Milch hinzugeben und alles zu einem glatten Teig vermischen (mit einem Handrührgerät oder einem Schneebesen).
3. Das Öl oder die Butter in eine Pfanne geben und auf mittlerer Stufe erhitzen.
4. Ca. 2-3 EL Teig in die Pfanne geben, sodass die Pancakes einen Durchmesser von ca. 10 cm haben.
5. Jede Seite ca. 2 Min. ausbacken.
6. Mit Beeren, Ahornsirup, Zucker und Zimt verzieren.

Avocado-Brot

- 2 Scheiben Brot oder Toastbrot
- 1 Avocado
- 1–2 EL Zitronensaft
- 50 g Frischkäse
- Nach Bedarf Kresse, Salz, Pfeffer

1. Das Brot toasten.
2. Die Avocado schälen und entsteinen. Eine halbe Avocado mit der Gabel zerdrücken (nicht zu fein). Den Zitronensaft und den Frischkäse untermischen und mit Salz und Pfeffer würzen.
3. Den Aufstrich auf das Brot streichen. Die restliche Avocado in Spalten schneiden und zusammen mit der Kresse auf dem Brot verteilen.

Extra-Tipp: Das Brot lässt sich auch mit Tomaten, Fetakäse oder einem Ei garnieren. Das Ei kannst du kochen, es als Spiegelei braten oder es pochieren (probiere das unbedingt aus!).

Mittag- oder Abendessen

Ofengemüse

- 1 Paprikaschote (rot)
- 1 Paprikaschote (gelb)
- 2 Zucchini
- 1 Aubergine
- 10 Schalotten (oder 2 Zwiebeln)
- 10 frische Champignons
- 6 EL Olivenöl
- 1 TL Oregano
- 1 TL Thymian
- 1 TL Paprikapulver scharf oder Chilipulver
- Salz und Pfeffer

1. Die Kartoffeln als Pellkartoffeln kochen.
2. Das gesamte Gemüse klein schneiden (nicht zu klein).
3. Die abgekühlten Kartoffeln vierteln.
4. Das gesamte Gemüse und die Kartoffeln mit Öl und Gewürzen vermischen.
5. Alles auf ein mit Backpapier ausgelegtes Backblech geben und im vorgeheizten Ofen auf 200 Grad Umluft für mindestens 30 Min. backen.

Extra-Tipp: Du kannst natürlich alle Gemüsereste nehmen, die du zu Hause hast. Lecker schmeckt es auch, wenn du Fetakäse zu dem Ofengemüse gibst.

Griechischer Bauernsalat

- 400 g Tomaten
- 1 Salatgurke
- 2 Paprikaschoten
- 1 große, rote Zwiebel
- 200 g Feta
- 100 g schwarze Oliven
- 1 TL Oregano
- Vinaigrette (= Dressing): 2 EL Essig, Spritzer Zitronensaft, 4 EL Olivenöl, 1 TL Zucker, Salz, Pfeffer

1. Die Tomaten in Stücke schneiden.
2. Die Gurke in Scheiben schneiden.

3. Die Paprikaschoten in Ringe schneiden.
4. Die Zwiebel in Ringe schneiden.
5. Den Feta in Würfel schneiden.
6. Das Vinaigrette herstellen.
7. Alles in eine Schüssel geben, das Dressing dazugeben und mit Oregano bestreuen.

Extra-Tipp: Wenn du den Salat an mehreren Tagen essen möchtest, fülle das Dressing in einen gesonderten Behälter ab und gebe es immer erst direkt vor dem Verzehr dazu.

Kürbissuppe

- 1 Hokkaidokürbis
- 200 g Karotten
- 4 mittelgroße Kartoffeln
- Ggf. 2 Äpfel
- 1 Zwiebel
- 1 l Gemüsebrühe
- 2 EL Olivenöl
- Nach Bedarf Ingwer und Knoblauchzehe
- Optional: 1 Becher Crème fraiche, Sahne oder Kokosmilch
- Salz, Pfeffer, Paprikapulver, Curry, Muskatnuss

1. Den Kürbis von Kernen befreien und in Stücke schneiden (Schale muss nicht entfernt werden!).
2. Die Karotten, die Kartoffeln und die Äpfel schälen und in Würfel schneiden.
3. Die Zwiebel würfeln und im Topf mit Olivenöl glasig andünsten.
4. Nach Belieben Knoblauchzehe und Ingwer (klein gehackt) hinzugeben.
5. Die Karotten hinzugeben und ca. 3 Min. unter Rühren mitschmoren.
6. Den Kürbis hinzugeben und weitere 3-5 Min. unter Rühren garen.
7. Die Gemüsebrühe, die Äpfel und die Kartoffeln hinzugeben.
8. Alles ca. 30 Min. köcheln lassen, die Gewürze hinzugeben und mit einem Pürierstab pürieren.
9. Nach Bedarf Flüssigkeit (Wasser, Kokosmilch, Sahne, Crème fraîche) hinzugeben und nachwürzen.

Extra-Tipp: Etwas Crème fraîche aufheben und damit verzieren. Zum Verzieren eignen sich auch Kürbiskerne, Kürbiskernöl oder Balsamico Creme.

One-Pot-Pasta

- 500 g Nudeln
- 400 g Tomaten
- 2 kleine Zwiebeln
- 2 Zehen Knoblauch
- Etwas Olivenöl
- 2 EL Tomatenmark
- 1,2 l Gemüsebrühe
- 2 Kugeln Mozzarella
- Nach Bedarf italienische Kräuter, frische Basilikumblätter, 1 Chilischote

1. Die Zwiebeln und den Knoblauch klein hacken und in Olivenöl in einem Topf glasig anschwitzen (nicht zu heiß!).
2. Die Tomaten klein schneiden, mit dem Tomatenmark in den Topf geben und kurz mit andünsten.
3. Die Nudeln, die Gemüsebrühe, die Chilischote (klein gehackt) hinzugeben und ca. 12 Min. kochen lassen.
4. Sobald die Flüssigkeit verschwunden ist, den Mozzarella in kleinen Stücken hinzugeben.
5. Auf kleiner Flamme erhitzen, bis der Mozzarella geschmolzen ist.
6. Mit Kräutern würzen und abschmecken.

Couscous Salat

- 250 g Couscous (oder Bulgur)
- 250 ml Wasser oder Gemüsebrühe
- Nach Bedarf Salz, Pfeffer, Olivenöl
- Beilagen nach Bedarf z. B. Paprika, Tomaten, Gurke, Feta

1. Die Gemüsebrühe zum Kochen bringen.
2. Couscous dazu geben, den Deckel auf den Topf setzen und den Herd abschalten.
3. Die Beilagen nach Bedarf klein schneiden (z. B. Gurke und Tomaten).
4. Nach ca. 5 Min. hat der Couscous die Flüssigkeit vollständig aufgenommen.
5. Das Olivenöl, Salz und Pfeffer unterrühren und die Beilagen hinzugeben.
6. Wenn es zu trocken ist, schmecken Knoblauchsoße oder Kräuterquark gut dazu.

Extra-Tipp: Süße Variante: Du kannst Couscous auch in der süßen Variante genießen. Dafür mit Wasser kochen, Rosinen, Früchte und Nüsse nach Geschmack hinzugehen und mit etwas Zucker, Zimt oder Honig abschmecken. Wenn es dir zu trocken ist, kannst du Joghurt oder Quark dazu essen.

Sommerrollen

- 15 Blatt Reispapier
- 200 g Räuchertofu
- 500 g Gemüse (z. B. Gurke, Sprossen, Karotten, Salat, Paprika)
- Nach Bedarf Minze und Koriander

1. Den Tofu und das Gemüse in dünne Streifen schneiden.
2. Das Reispapier (einzeln) für einige Sekunden in eine große Schüssel mit warmem Wasser legen, sodass es vollständig benetzt ist.
3. Das weich gewordene Reispapier aus der Schüssel holen und auf einen Teller legen.
4. Das Reispapier in der Mitte mit Tofu, Gemüse und Gewürzen befüllen.
5. Die Sommerrollen an den Seiten einklappen und zusammenrollen.

Extra-Tipp: Einen leckeren Dip kannst du aus 3 EL Erdnussbutter, 7 EL Sojasoße, einem Spritzer Zitronen- oder Limettensaft und je nach Geschmack einer klein geschnittenen Chilischote herstellen.

Pellkartoffeln mit Kräuterquark

- 1 kg Kartoffeln (junge bzw. frühe Kartoffeln oder vorwiegend festkochende Kartoffeln)
- 500 g Quark
- Salz
- Pfeffer
- Nach Bedarf Petersilie und Schnittlauch

1. Die Kartoffeln abwaschen.
2. Die Kartoffeln in einen mit Wasser gefüllten Kochtopf und 1 TL Salz geben.
3. Die Kartoffeln 20 Min. garen lassen.
4. Den Quark mit den Gewürzen mischen und mit Salz und Pfeffer abschmecken.

Extra-Tipp: Du kannst den Quark mit einem fertigen Kräuterquark aus dem Supermarkt mischen, oder eine klein gehackte Zwiebel unterheben oder Hummus dazu essen.

13.6 Urban Gardening und Selbstversorgung

Gemüse und Kräuter im eigenen Garten oder auf dem eigenen Balkon anzupflanzen, ist für viele Studierende eine schöne Vorstellung. Doch gerade in den größeren Hochschulstädten ist der Raum begrenzt und ein eigener Garten Luxus. Aber auch auf kleinem Raum lassen sich grüne Oasen gestalten. Urbanes Gärtnern ist in vielen Städten angekommen und erfreut sich bei Studierenden immer größerer Beliebtheit.

Was ist Urban Gardening?

Urbanes Gärtnern ist privates oder gemeinschaftliches Gärtnern, das an fast allen möglichen und nicht möglichen Orten umgesetzt werden kann: auf brachliegenden Grünstreifen, vernachlässigten Flächen, auf Mauern, entlang von Bahngleisen, auf Hinterhöfen oder dem eigenen Balkon.

Die damit verfolgten Ziele sind: die Orte des gemeinschaftlichen Lebens zu verschönern, einer sinnstiftenden Tätigkeit nachzugehen, eine umweltschonende Produktion und bewusst eigens gezüchtete Erzeugnisse zu konsumieren.

Wie funktioniert Urban Gardening?

Wenn du deinen Balkon in deiner WG bepflanzen möchtest, so kannst du das selbstverständlich ohne weitere Zustimmung tun. Wenn du allerdings den Grünstreifen an der nächsten Straßenecke mit anderen Personen nutzen willst, benötigst du die Zustimmung des zuständigen Grünflächenamtes deiner Stadt. Für eine Zustimmung benötigt man in der Regel ein entsprechendes Konzept, das z. B. auf folgende Fragen eingeht: Wer kümmert sich um das regelmäßige Gießen? Wer entfernt den Müll? Wer jätet das Unkraut? Gibt es mögliche Sponsoren?

Was lässt sich anpflanzen?

Die Bepflanzung ist immer vom Standort, der Sonneneinstrahlung und der möglichen Bewässerung abhängig. Grundsätzlich gibt es keine Grenzen. Für Neulinge eignen sich zu Beginn eher pflegeleichte Obst-, Gemüse- oder Kräutersorten wie z. B.: Erdbeeren, Himbeeren, Stachelbeeren, Spinat, Buschbohnen, Pflücksalate, Tomaten, Lavendel, Minze, Schnittlauch, Petersilie, Thymian, Rosmarin oder Basilikum. Wenn du kein Geld hast, um Samen oder Pflanzen zu kaufen – auf Nachbarschaftsportalen im Internet werden Stecklinge oder Ableger von Pflanzen oftmals verschenkt.

Uni Gardening

Dieser nachhaltige Lifestyle wird mittlerweile an vielen Unis umgesetzt. Es geht nicht nur darum, Lebensmittel oder Blumen anzubauen, sondern darum, ein gemeinschaftliches Projekt durchzuführen und dabei Lebensraum für Mensch und Tier zu schaffen. Erkundige dich, ob es eine solche Initiative zur Campusverschönerung an deiner Uni gibt oder werde selbst aktiv.

14. Go ahead! Wie du eine wissenschaftliche Karriere anstrebst

Das erwartet dich in diesem Kapitel:

14.1 Die Schritte einer wissenschaftlichen Karriere

Viele Studierende können sich nur schwer für das wissenschaftliche Arbeiten begeistern und sind nach der Abschlussarbeit und dem erreichten akademischen Grad einfach nur froh, vorerst keine Prüfungen mehr ableisten zu müssen. Andere hingegen finden den Gedanken enorm spannend, sich intensiv mit Themen der Wissenschaft auseinandersetzen zu können. Sie entwickeln direkt Freude an der Vorstellung, forschen zu dürfen und können sich vorstellen, nach dem Studium an der Uni zu arbeiten. Ebenfalls kann der Gedanke an eine Promotion motivieren.

Wenn du zu dieser Gruppe gehörst, solltest du gar nicht abwarten, bis du dein Studium in der Tasche hast. Schon während du studierst, kannst du den Grundstein für eine wissenschaftliche Karriere legen.

Die Stufen der wissenschaftlichen Karriere

1. Schritt: Studentische Hilfskraft

Während des Studiums lässt sich verhältnismäßig einfach herausfinden, ob eine längerfristige Tätigkeit an der Uni zu einem passt oder nicht. Du kannst in relativ geschütztem Rahmen erste Gehversuche unternehmen. Selbst wenn du merkst, dass es nicht das Passende ist, so konntest du in der Zeit nicht nur wertvolle persönliche und berufliche Erfahrungen sammeln und deinen Lebenslauf aufwerten, sondern auch Geld verdienen.

2. Schritt: Wissenschaftliche Mitarbeiterin bzw. wissenschaftlicher Mitarbeiter

Nach dem Abschluss eines wissenschaftlichen, einschlägigen Hochschulstudiums (in der Regel Diplom oder Master) kannst du die Augen nach Stellenangeboten für eine wissenschaftliche Mitarbeit offenhalten. Zum Teil werden bei den Einstellungsvoraussetzungen Erfahrungen in der jeweiligen Berufspraxis gefordert. Auf jeden Fall solltest du sehr gute Kenntnisse in der Anwendung empirischer Forschungsmethoden mitbringen und Freude an der Lehre mit Studierenden haben. Wenn du vorhast zu promovieren, ist das eine sehr gute Möglichkeit, das Vorhaben in diesem Rahmen umzusetzen.

3. Schritt: Promotion

Wenn du merkst, dass dir die Aufgaben einer wissenschaftlichen Tätigkeit gefallen und du das Angebot für eine Promotion bekommst, solltest du ernsthaft nachdenken, ob du diese Chance für dich nutzen möchtest. Bist du dir jetzt schon im Klaren darüber, weiter an deiner wissenschaftlichen Karriere zu basteln, geht definitiv kein Weg an einer Doktorarbeit vorbei. Zudem kannst du dein wissenschaftliches Netzwerk ausbauen, an Tagungen teilnehmen und an wissenschaftlichen Publikationen mitarbeiten.

4. Schritt: Postdoc-Phase

Wer seinen Doktortitel erreicht hat, kann sich jetzt nach sogenannte Postdoc-Stellen an der Uni umsehen, um weiterhin zu forschen, zu publizieren und zu lehren. Diese Phase wird häufig genutzt, um sich auf den Weg zur Professur zu machen.

5. Schritt: Habilitation

Die Habilitation ist in Deutschland der gängige Weg, um an eine Professur an der Uni zu gelangen. Gleichzeitig ist damit auch die letzte Qualifikation in der wissenschaftlichen Karriere abgeschlossen. Das Habilitationsverfahren dauert – ähnlich wie die Promotion – mehrere Jahre. Allerdings hat man nicht automatisch mit der abgelegten Habilitation eine Professur inne. Wer noch keine Professur hat, darf sich aber Privatdozent bzw. Privatdozentin nennen.

6. Schritt: Juniorprofessur

Um eine Juniorprofessur zu ergattern, benötigt man nicht unbedingt eine abgeschlossene Habilitation. In der Praxis zeigt es sich, dass die Zeit der Juniorprofessur auch zur Anfertigung der Habilitationsschrift genutzt wird.

7. Schritt: Professur

In der Regel ist es möglich, über den Weg der Juniorprofessur oder einer abgeschlossenen Habilitation eine Professur an einer Universität zu bekommen. Voraussetzung ist ein erfolgreich durchlaufenes Berufungsverfahren.

Besonderheit: An einer (Fach-)Hochschule ist es möglich, bereits nach abgeschlossener Promotion und einschlägiger Berufserfahrung die Rolle eines Professors oder einer Professorin einzunehmen.

14.2 Wissenschaftliche Karriere und Promotion – Ist das was für mich?

Was ist eigentlich eine Promotion?

Mit einer Promotion stellen Akademikerinnen oder Akademiker ihre Fähigkeiten unter Beweis, eigenständig wissenschaftlich arbeiten zu können. Dabei wird zu einem bestimmten Thema geforscht und eine wissenschaftliche Arbeit verfasst. Die Promotionsleistung besteht in der Regel aus zwei Teilen:

- Einer wissenschaftlichen, schriftlichen Arbeit (= Dissertation) und
- einer mündlichen Verteidigung der Dissertation (= Disputation).

In der Promotionsordnung der jeweiligen Universität werden auch die Doktorgrade aufgeführt, die von der Uni vergeben werden.

Beispiele:

- Dr. med.: Doktortitel, der für medizinische Arbeiten vergeben wird.
- Dr. rer. nat.: Doktortitel, der für naturwissenschaftliche Arbeiten vergeben wird.
- Dr. phil.: Doktortitel, der für geistes- oder sprachwissenschaftliche Arbeiten vergeben wird.
- Dr. rer. pol.: Doktortitel, der für politik- oder sozialwissenschaftliche Arbeiten vergeben wird.

Für eine Promotion muss man einiges an Ausdauer und Motivation mitbringen. Zudem sollte man sich von Tiefschlägen nicht so leicht aus der Bahn werfen lassen. Viele Promovierende fragen sich während der Zeit nicht nur einmal „Warum habe ich mir das angetan?“ oder denken sogar über einen Abbruch nach. Aber die gute Nachricht: Die meisten Personen, die eine Promotion begonnen haben, schließen sie erfolgreich ab.

Zahlen, Daten, Fakten zu Promotionen

Zehn Jahre nach Promotionsbeginn…

- … haben 72 % die Promotion abgeschlossen.
- … arbeiten 6 % noch an ihrer Promotion.
- … haben 4 % das Promotionsvorhaben unterbrochen.
- … haben 18 % die Promotion abgebrochen (Euler et al., 2018, 51).

Im Schnitt dauert eine Promotion etwa 4,5 Jahre (Jaksztat, Preßler & Briedis, 2012, 13), wobei die Dauer in einigen Fachbereichen wie z. B. der Medizin deutlich kürzer ausfällt.

Selbsttest: Ist eine Promotion etwas für mich?

Ob eine Promotion etwas für dich ist, kannst du anhand folgender Fragen für dich beantworten. Je häufiger du die einzelnen Fragen mit „ja" beantwortest, desto geeigneter bist du.

- ☐ Ich habe Spaß daran, wissenschaftliche Studien zu lesen.
- ☐ Das Arbeiten an meiner Abschlussarbeit hat mir Freude bereitet.
- ☐ Wissenschaftliches Arbeiten finde ich interessant.
- ☐ Mir macht es Spaß, neue Dinge zu lernen.
- ☐ Ich finde es spannend, mich in neue Methoden einzuarbeiten.
- ☐ Die Auswertung von Daten finde ich interessant.
- ☐ Ich stelle mich gerne herausfordernden Situationen.
- ☐ Ich kann mir vorstellen, mich lange mit einem Thema auseinanderzusetzen.
- ☐ Ich bringe viel Durchhaltevermögen mit.
- ☐ Ergebnisse vor anderen zu präsentieren finde ich toll.
- ☐ Mit Kritik und Rückschlägen kann ich gut umgehen.
- ☐ Mich mit anderen Forschern und Forscherinnen auszutauschen, stelle ich mir spannend vor.

14.3 Wie findet man eine Stelle für eine Promotion?

Wenn nun dein Interesse geweckt worden ist, tatsächlich mit einer Promotion zu starten, stellst du dir wahrscheinlich die Frage: Wo kann man eigentlich promovieren und wie geht man das Ganze an? Die Voraussetzungen für eine Promotion sind immer:

- Du benötigst einen Betreuer bzw. eine Betreuerin und
- du benötigst eine Anbindung an eine Uni.

Möglichkeiten der Promotion

Eine Anbindung an eine Uni heißt nicht zwingend, dass du an einer Uni angestellt sein musst. Es gibt auch die Möglichkeit, dass du frei promovierst oder in einem Unternehmen oder einem Forschungsinstitut dein Promotionsvorhaben umsetzen kannst. Jede Promotionsform hat Vor- und Nachteile.

An der Uni promovieren: Bei internen Promotionen an der Uni sind die Doktoranden bzw. die Doktorandinnen meist an dem Lehrstuhl oder der Professur angestellt, an dem der Doktorvater oder die Doktormutter lehrt. Eine enge Bindung an die Wissenschaft und die betreuende Person ist dadurch gegeben. Als wissenschaftlicher Mitarbeiter bzw. als wissenschaftliche Mitarbeiterin hat man in der Regel ein gewisses

Lehrdeputat zu erfüllen, forscht oder ist in ein Projekt eingebunden, sodass nur ein geringer Teil der Arbeitszeit für die eigene Forschung bleibt.

In außeruniversitären Forschungsinstituten promovieren: Die Möglichkeit, außerhalb der Uni zu promovieren und das erworbene Wissen gleich praktisch anzuwenden und in Forschungsprojekten mitzuwirken, ist z. B. am Fraunhofer-Institut oder am Max-Planck-Institut durchführbar. Bei dieser Form ist eine Kooperation mit einer Uni Voraussetzung.

In einem Unternehmen promovieren: Wenngleich die Unternehmen selbst keine Doktortitel verleihen dürfen und deshalb mit einer Universität kooperieren müssen, beschäftigen viele Unternehmen Doktoranden. Bei dieser Form kann man parallel an der Dissertation arbeiten, Berufserfahrung sammeln und Geld verdienen. Allerdings bleibt dabei eine vertiefte wissenschaftliche Auseinandersetzung durch den geringeren Bezug zur Uni und der betreuenden Person möglicherweise auf der Strecke.

In einem Graduiertenkolleg promovieren: Bei dieser Form handelt es sich um eine Art Studiengang mit Lehrveranstaltungen, in denen z. B. wissenschaftliche Methoden vertieft werden. Für einen Großteil ist dieses strukturierte Programm genau richtig, andere wiederum empfinden es als zu einschränkend, vorgegebene Seminare zu besuchen und sich für das Kolleg zu bewerben. Häufig ist mit der Aufnahme in ein Graduiertenkolleg auch ein Stipendium verbunden.

Zu Hause promovieren: Es ist auch möglich, ohne Anstellung an einem Institut oder einem Lehrstuhl zu promovieren. Meist ist bei dieser Form der Promotion der Austausch mit dem Betreuer oder der Betreuerin sowie die Anbindung an eine Science-Community nicht ganz so intensiv. Auch wenn man viel Selbstdisziplin aufbringen muss, hat es den Vorteil, dass man die Konzentration voll und ganz auf das Schreiben der Promotion legen kann.

Extra-Tipp: Suche dir eine unterstützende Person aus der Uni
Wenn du ernsthaft vorhast, nach deinem Uniabschluss eine Promotion aufzunehmen, sprich bereits jetzt einen Professor oder eine Professorin deines Vertrauens darauf an und bitte darum, dich bei dem Vorhaben zu unterstützen. Die meisten werden dir hilfreiche Tipps geben oder dir sogar eine Stelle anbieten. Hilfreich ist es, wenn du schon während des Studiums als wissenschaftliche Hilfskraft tätig warst oder ein Forschungspraktikum absolviert hast.

Extra-Tipp: Suche dir ein Stipendium für die Promotion
Wenn du keine Lust darauf hast, dass sich deine Promotion über viele Jahre hinzieht, solltest du ernsthaft über ein Stipendium nachdenken. Das ermöglicht dir, dich vollends auf das Vorhaben zu konzentrieren. Mit einem Promotionsstipendium von bis zu 1.400 € lassen sich zwar keine ganz großen Sprünge machen, wenn die Ansprüche

aber nicht so hoch sind, kann man davon schon leben. Deshalb könnten sich die Recherche und die Gegenüberstellung von Stipendien definitiv auszahlen.

Meine persönliche Geschichte – Meine Reise bis zum Doktortitel

Ich selbst habe in der Zeit meiner Promotion als wissenschaftliche Mitarbeiterin an der Uni (Teilzeit 65 %) und als Pflegepädagogin an einer Berufsfachschule für Pflege (Teilzeit 30 %) gearbeitet. Dadurch hatte ich nicht nur den engen Kontakt zu meiner Betreuerin an der Uni und konnte die Vorteile der wissenschaftlichen Community nutzen, sondern konnte gleichzeitig als Pflegepädagogin Berufserfahrung sammeln. Und da ich mich in meiner Doktorarbeit mit der Unterrichtsplanung von Lehrenden im Berufsfeld Pflege beschäftigt habe, waren die Tätigkeit an der Berufsfachschule für Pflege und die Kontakte zu den Lehrenden Gold wert. Ehrlicherweise muss ich aber sagen, dass ich nur einen geringen Teil meiner Arbeitszeit an der Uni für die eigene Promotion nutzen konnte, da ich zu der Zeit in einem drittmittelgeförderten Projekt und in der Lehre an der Uni eingesetzt war, sowie Abschlussarbeiten von Studierenden betreut habe. Für meine Dissertation blieben dann eher die Wochenenden und die Abendstunden. Von der Anmeldung der Promotion bis zur Verteidigung vergingen fünfeinhalb Jahre und dann noch mal etwa fünf Monate, bis die endgültige Publikation vorlag und ich den Doktortitel tragen durfte. Im Nachhinein hätte ich sicherlich in kürzerer Zeit promovieren können, wenn ich nicht während der Zeit zwei Arbeitgeber gehabt hätte und insgesamt fast Vollzeit (95 %) beschäftigt gewesen wäre. Zwei Arbeitgeber zu haben heißt in der Regel, dass es hier und da zu Überstunden kommen kann. Dennoch habe ich von beiden Seiten profitiert und würde es wahrscheinlich wieder so machen.

14.4 Das Alumni-Netzwerk

Ein Alumni-Netzwerk war ursprünglich ein Zusammenschluss von ehemaligen Studierenden einer Hochschule. Mittlerweile gehören diesen Netzwerken auch (inter-) nationale Unternehmen an, sowie Personen, die aktuell noch studieren oder Hochschulmitglieder sind. Ziel ist es, persönliche, berufliche und fachliche Kontakte zu knüpfen, um sich auszutauschen und zu diskutieren. Allerdings ist ein Alumni-Netzwerk nur dann sinnvoll, wenn es ein gegenseitiges Geben und Nehmen ist. Üblicherweise ist die Mitgliedschaft mit einem Jahresbeitrag verbunden und nicht selten leben die Netzwerke auch von Spenden. Dafür profitieren die Mitglieder von unterschiedlichen Angeboten:
- Alumni-Treffen
- Vorträge und Seminare
- Individuelle Beratung zu Berufseinstieg und Karriere
- Mentoring-Programme

- Unterstützung beim Gründen eines Start-up-Unternehmens
- Teilnahme an Events und Workshops
- Unterstützung bei Stipendien
- Jobsuche
- Zugang zu Unibibliotheken
- Teilnahme am Hochschulsport

Erkundige dich am besten schon während deines Studiums, ob es an deiner Uni ein Alumni-Netzwerk gibt. Sollte das nicht der Fall sein, kannst du eine Gründung anstoßen. Oder du fängst erst mal klein an und hältst den Kontakt zu deinen ehemaligen Kommilitonen, indem du ein Jahrgangstreffen oder einen regelmäßig stattfindenden Stammtisch organisierst.

15. Bonuskapitel: Achtsam studieren – Stress reduzieren

Stress im Studium

Große Mengen an Stoff lernen, Prüfungen in kurzen Zeitfenstern schreiben, Abschlussarbeiten anfertigen, Praktika absolvieren, Nebenjob nachgehen, familiären Verpflichtungen nachkommen, Haushalt schmeißen – mit diesen Anforderungen sind Studierende während ihrer Studienzeit konfrontiert. Alles unter einen Hut zu bekommen, ist für viele mit einer ordentlichen Portion Stress verbunden.

In der bislang größten Studie zum Thema „Studierendenstress" (Herbst et al., 2016) wurden 18.214 Studierende befragt. Im Ergebnis zeigt sich, dass sich die Studierenden durchschnittlich zwischen einem mittleren und einem hohen Stresslevel befinden. Lediglich 5 % der Befragten empfinden ein geringes Stresslevel (ebd., 23). Stress wird von den Studierenden vornehmlich mit Zeitdruck, Leistungsdruck, Überforderung, Erwartungsdruck, Nervosität und Selbstzweifel assoziiert. Wenngleich das Stresslevel bei den Studierenden insgesamt relativ hoch ist, so hängt es von persönlichen oder strukturellen Merkmalen ab (ebd., 21ff.):

Geschlecht: Im Vergleich zu ihren männlichen Kommilitonen weisen weibliche Studierende ein signifikant höheres Stresslevel auf.

Nebentätigkeit: Studierende, die einer Nebenbeschäftigung von mehr als 15 Stunden in der Woche nachgehen, fühlen sich gestresster, als Personen, die weniger als 15 Stunden pro Woche jobben. Allerdings zeigt sich, dass Studierende ohne Nebenjob die höchsten Stresswerte haben.

Hochschulform: Studierende an Fachhochschulen fühlen sich gestresster als Studierende an Universitäten. Im Vergleich zwischen staatlichen und privaten Hochschulen ist das Stresslevel bei Studierenden an staatlichen Hochschulen höher.

Hochschulregion: Obwohl der Großteil der Studierenden in fast allen Bundesländern ein hohes Stressniveau aufweist, zeigen sich regionale Unterschiede. Das niedrigste Stresslevel geben Studierende in Rheinland-Pfalz, Bayern und Brandenburg an. Hier dominiert der Anteil von Studierenden mit mittlerem Stressniveau. Studierende in Nordrhein-Westfalen weisen bundesweit das höchste Stressniveau auf.

Abschlussart: Den größten Stress empfinden Bachelor-Studierende. Danach reihen sich Studierende ein, die einen Masterabschluss, ein Diplom oder ein Staatsexamen anstreben. Das geringste Stressniveau empfinden Promotions-Studierende.

Studienfach: In fast allen Studienfächern wird Stress auf einem hohen Stresslevel empfunden. Studierende der Veterinärmedizin, der Agrar-, Forst- und Ernährungswissenschaften und der Informatik weisen das größte Stresslevel auf. Studierende der Sprach- und Kulturwissenschaften, der Geisteswissenschaften, des Lehramts sowie der Sportwissenschaften weisen das niedrigste Stressniveau auf.

Ferner wurde in der Studie (ebd., 30ff.) der Frage nachgegangen, welche Faktoren Stress im Studium auslösen.

Ursachen von Stress im Studium

- Die Vorbereitung auf Prüfungen
- Das Anfertigen von Abschlussarbeiten
- Die Arbeitsbelastung durch das Studium insgesamt
- Der große Stoffumfang in den Lehrveranstaltungen
- Die unausgeglichenen Anforderungen der Veranstaltungen im Verlauf des Semesters
- Das Anforderungsniveau in den Veranstaltungen
- Das Anspruchsniveau zu Beginn des Studiums
- Die Wohnungs- und Zimmersuche
- Die eigenen Erwartungen nicht zu erreichen oder nicht zu erfüllen
- Die bevorstehende Jobsuche nach dem Studium
- Die Pflege der sozialen Kontakte
- Die ständige Erreichbarkeit durch Smartphone, Internet und neue Medien
- Die zeitliche Vereinbarkeit von Studium und anderen Aktivitäten

Reflexionsübung: Welche dieser genannten Faktoren lösen bei dir den meisten Stress aus?

Als Reaktion auf den erlebten Stress, werden viele Studierende unzufrieden, sind unruhig, suchen Ablenkung, werden wütend, sind in sich gekehrt oder essen vermehrt oder weniger. Im Gegensatz zu Männern beginnen Frauen in stressigen Situationen auch an zu weinen. Hinzu kommen Schlafstörungen, Konzentrationsschwierigkeiten, Lustlosigkeit oder die Vernachlässigung sozialer Kontakte (ebd., 41).

Reduktion von Stress und Aufbau von Resilienz

Grundsätzlich wird es im Studium – sowie im Leben an sich – immer Phasen geben, in denen das Stresslevel hoch ist und in denen man Sorgen und Nöte hat. Entscheidend ist aber, wie man diese Widrigkeiten wahrnimmt und wie man damit umgeht. Ziel ist es, einen besseren Umgang mit den stressauslösenden Faktoren zu erlangen und Resilienz aufzubauen.

Resilienz wird als Widerstandsfähigkeit beschrieben, die es erlaubt, flexibel in (stressigen) Situationen zu reagieren. Menschen mit einem hohen Maß an Resilienz sind in der Lage, dich schnell auf bestimmte Situationen oder Themen einzulassen, sich vollständig einzubringen und sich gleichzeitig im Anschluss wieder zu entspannen und loszulassen. Durch den flexiblen Einsatz persönlicher Ressourcen, ist es möglich, Krisen erfolgreich zu bewältigen und gestärkt aus ihnen hervorzugehen (Stork et al., 2020, 5).

Selbsttest: Wie würdest du reagieren?

Stell dir folgende Situation vor:

Zwei Tage vor einer Prüfung teilt dir eine Kommilitonin mit, dass sie vor allem ein bestimmtes Thema gelernt hat, das du selbst eher als Randgebiet eingestuft hast und bisher nicht gelernt hast.

Möglichkeit A: Du wirst nervös und versuchst, in der verbleibenden Zeit bis zur Prüfung noch dieses Thema auswendig zu lernen. Dabei wirst du immer panischer und kannst in der Nacht kaum noch schlafen. Deinen bisherigen Lernplan hast du vollständig über Bord geworfen und deine Gedanken kreisen nur noch um den Themenbereich, den du bislang nicht gelernt hast.

Möglichkeit B: Du merkst, dass du nervös wirst, nimmst dir aber bewusst die Zeit, innezuhalten. Gab es einen Grund, warum du diesem Thema bislang keine Bedeutung beigemessen hast? Du kommst zu dem Ergebnis, dass du das Thema zwar bewusst ausgegliedert hast, möchtest dir dennoch einen Überblick zu dem Thema verschaffen. Dann setzt du klare Prioritäten und baust diese Inhalte noch flexibel in deinen bestehenden Lernplan ein. Zudem vergegenwärtigst du dir, dass du deine Prüfungen in der Vergangenheit mit deinen Lernplänen und Lernstrategien immer gut bewältigen konntest.

Wir neigen dazu, im Alltag Situationen sofort und automatisch zu bewerten. Dabei reagieren wir auf Reize mit bestimmten Reaktionen. Diese Automatismen sind nicht immer das Schlechteste. So ziehen wir zum Beispiel blitzschnell unsere Hand von der heißen Herdplatte zurück, um uns nicht zu verbrennen. Allerdings können automatisierte Bewertungen von Situationen vor allem in besonders stressigen Situationen dazu führen, dass diese verzerrt wahrgenommen werden oder der Bezug zur Realität verloren geht.

Bleiben wir noch mal bei dem Beispiel, dass eine Kommilitonin zwei Tage vor der Prüfung mitgeteilt hat, dass sie vornehmlich ein bestimmtes Thema gelernt hat, dem du weniger Bedeutung beigemessen hast. Diese Aussage kann dazu führen, dass du nervös wirst, nicht mehr klar denken kannst, die Situation fernab jeglicher Realität einschätzt und blind anfängst, noch irgendetwas in deinen Kopf zu pauken. Die Aussage kann aber auch dazu führen, dass du die Situation zunächst neutral bewertest: „Die Kommilitonin hat vermehrt das Thema XY gelernt“. Möglicherweise kommst du auch zu dem Resultat, dass die Mitstudierende zum Großteil nicht in den Lehrveranstaltungen anwesend war und somit die Hinweise der Professorin zu prüfungsrelevanten Themen versäumt hat.

Achtsamkeit im Alltag und im Studium

Dieses Beispiel hat bereits einen ersten Einblick gegeben, was Achtsamkeit bedeutet. Achtsam sein heißt, stärker im „Hier und Jetzt" zu leben, also den aktuellen Moment zu erleben und dabei auf die inneren Regungen zu hören, ohne sie einer ständigen Bewertung zu unterziehen. Ziel ist es, sich selbst zu regulieren und dem Erlebnis möglichst unvoreingenommen gegenüberzutreten. Eine erhöhte Achtsamkeit fördert das Stressmanagement und kann durch eine bewusste Steuerung der Aufmerksamkeit die Informationsverarbeitung verbessern. Regelmäßige Achtsamkeitsübungen können sich positiv auf die Bildung neuer Hirnstrukturen auswirken und somit das Lernen und die Gedächtnisleitung verbessern.

In einem Projekt an der Hochschule Darmstadt wurde deshalb speziell für Studierende ein Trainingskonzept für Achtsamkeit entwickelt, welches in bestehende Lehrveranstaltungen integriert wurde (Stork et al., 2020). Im Ergebnis zeigt sich, dass sich eine Achtsamkeitspraxis bei Studierenden eignet, um Stress zu vermindern und Resilienz zu fördern. Zudem verbesserte sich die Lebenszufriedenheit bei den Studierenden durch das Achtsamkeitstraining. Es wird deshalb empfohlen, Achtsamkeitskurse an Hochschulen systematisch in die Lehrveranstaltungen zu verankern.

Wenn an deiner Hochschule noch keine Achtsamkeitskonzepte angeboten werden, dann kannst du diese Idee bei deiner Studiengangsleitung einbringen. Abgesehen davon, kannst du verschiedene Achtsamkeitsübungen auch selbst durchführen. Der einfachste Weg ist, in verschiedenen Situationen den Fokus auf eine bewusste und achtsame Wahrnehmung zu lenken. Viele Übungen lassen sich ohne zusätzlichen Aufwand in den Alltag oder in eine Morgenroutine integrieren. Versuche dich bei allen Übungen möglichst wertungsfrei auf deine Sinne zu konzentrieren.

Achtsamkeitsübungen für den Alltag

Achtsames Innehalten: Achtsam innezuhalten, kann man grundsätzlich bei jeder Handlung einüben. Nimm dir für den Anfang bewusst mehrmals am Tag ein paar Minuten Zeit. Unterbreche bewusst deine Gedanken und kehre ins „Hier und Jetzt". Prüfe deine Gedanken und deine Gefühle.

Achtsames Atmen: Das achtsame Innehalten kannst du mit dem achtsamen Atmen kombinieren. Es müssen keine umfangreichen Atemübungen sein. Achte ganz bewusst auf deinen Atem. Spüre, wie er deinen Körper durchströmt und wie du bei jedem Atemzug ruhiger wirst. Selbst ein bewusster tiefer Atemzug kann regelrecht Wunder bewirken.

Achtsames Essen: Konzentriere dich bewusst auf dein Essen vor dir. Nimm dir Zeit. Wie ist es angerichtet? Welche Farbe hat es? Welche Form hat es? Wie ist der Geruch?

Nimm jeden Bissen bewusst wahr. Kaue langsam und genieße jeden Bissen. Lege dein Besteck nach jedem Bissen für einen Moment beiseite. Vertraue auf dein Körpergefühl. Wann tritt dein natürliches Sättigungsgefühl ein?

Achtsames Duschen: Achtsames Duschen ist ein reinigendes und gleichzeitig beruhigendes Ritual, welches bereits beginnt, bevor du unter der Dusche stehst. Welche Gedanken hast du? Freust du dich auf das warme Wasser und auf das Gefühl der Frische oder ist es ein notwendiges Übel? Stelle dich am Morgen oder am Abend wie gewohnt unter die Dusche. Wie fühlt sich das Wasser auf deiner Haut an? Wie ist die Temperatur? Nimm bewusst das Plätschern des Wassers wahr. Was passiert, wenn du das Wasser beim Einseifen abstellst? Wie fühlt sich der Seifenschaum auf der Haut an? Wie riecht er? Wie fühlt sich dein Körper an, wenn du den Schaum wieder abduschst und du das Wasser wieder ausstellst? Wie ist die Beschaffenheit deines Handtuchs beim Abtrocknen und wie fühlt sich dein Körper an, wenn er wieder abgetrocknet ist?

Dankbarkeitsritual: Häufig richten wir unseren Fokus auf den Mangel, auf das, was wir (noch) nicht haben. Bei einem Dankbarkeitsritual geht es nicht darum, dass wir unsere negativen Gedanken vollständig verdrängen. Es geht vielmehr darum, den Blick auf das Positive zu richten. Dankbarkeitsübungen bieten sich vor dem Schlafengehen an. Überlege dir drei Dinge, für die du dankbar bist oder über die du dich im Laufe des Tages gefreut hast. Das müssen keine großartigen Dinge sein. Du kannst dankbar darüber sein, dass die Sonne geschienen hat oder du eine schöne Nachricht von einem Freund oder einer Freundin erhalten hast. Wenn du diese Übung regelmäßig in deine Abendroutine integrierst, wirst du erstaunt sein, wie viele Kleinigkeiten dir am Tag begegnen, über die du dankbar bist. Diese Übung kannst du natürlich auch schriftlich machen.

Achtsamkeitsübungen für das Studium

Das Ziel von Achtsamkeitsübungen ist nicht, sich selbst zu optimieren, um noch effizienter seine To-do-Listen abzuarbeiten oder statt zwei Stunden am Tag zehn Stunden für die Uni zu lernen. Es geht eher darum, die eigene Resilienz zu stärken, um stressige Phasen im Studium gut zu bewältigen und bestenfalls an ihnen zu wachsen.

„Noch drei Tage bis zur mündlichen Prüfung." – Welche Gefühle und Gedanken breiten sich bei dir aus?

Grundsätzlich lösen Prüfungssituationen bei den meisten Studierenden Stress aus. Im besten Fall kann es sich leistungssteigernd auswirken. Gleichzeitig kann Stress auch mit Beschwerden wie z. B. Magen-Darm-Problemen, Verspannungen, Zittern, Angst, Panik und Schlafstörungen einhergehen. Vor allem bei länger andauernden Prüfungsphasen sollte man deshalb bewusst gegensteuern.

Analysiere zunächst möglichst objektiv deine Situation, ohne dir dabei Vorwürfe zu machen. Folgende Beispielfragen können dir dabei helfen:

- Wie fühlst du dich, wenn du an die bevorstehende Prüfung denkst?
- Wie schätzt du die noch verbleibende Zeit bis zur Prüfung ein?

- Stellst du körperliche oder psychische Beschwerden bei dir fest?
- Wie stufst du den noch anstehenden Lernstoff ein?
- Wie stufst du deine derzeitige Work-Life-Balance ein?

Nachdem du nun deine Stresssituation analysiert, erkannt und eingestuft hast, kannst du bewusst dein Verhalten anpassen:

- Reflektiere regelmäßig deine aktuelle Situation und deine Gedanken.
- Gehe mit Überlastungssymptomen achtsam um.
- Versuche negative Gedanken nicht zu groß werden zu lassen.
- Achte auf eine optimale Flüssigkeitszufuhr und eine gesunde Ernährung.
- Baue bewusst Pausen ein und belohne dich.
- Integriere weiterhin bewusst Übungen der Achtsamkeit in deinen Alltag.
- Sei nicht zu streng mit dir selbst.
- Tausche dich mit Kommilitonen aus, lass dich aber nicht von ihnen herunterziehen.
- Denke an etwas Schönes, was du in der Zeit nach der Prüfung machen möchtest.

Es kann hilfreich sein, nach der Prüfungsphase zu reflektieren, was dir geholfen hat und was du beim nächsten Mal anders machen oder beibehalten willst. Achte darauf, dass du nach der Phase der Anspannung auch eine Phase der bewussten Entspannung zulässt, um neue Energie zu sammeln.

Wenn dich das Thema „Achtsamkeit im Studium“ interessiert und du dich noch eingehender damit beschäftigen möchtest, empfehle ich dir das Buch „Achtsam studieren“ von Helmut Aatz. Hier geht's zur Leseprobe:

QR-Code: Leseprobe „Achtsam studieren“

16. Bonuskapitel: Künstliche Intelligenz (KI) im Studium – sinnvoll nutzen

KI-Technologien kennen wir mittlerweile aus vielen alltäglichen Lebensbereichen. Hierzu zählen z. B. Smart-Home-Steuerungen oder die Gesichtserkennung, um das Smartphone zu entsperren. Ziemlich praktisch!

Sicherlich hast du schon einmal darüber nachgedacht, dir von der KI ChatGPT die nächste Seminararbeit schreiben zu lassen. Keine Frage: Ein KI-System, das Fragen beantwortet und auf Wunsch komplette Hausarbeiten oder Referate erstellt, ist wie ein 6er im Lotto. Endlich muss man sich nicht mehr mit Forschungsfragen auseinandersetzen, um diese in langwierigen Denk- und Schreibprozessen zu beantworten.

Aber genau da liegt die Gefahr: Einige Bildungsforscherinnen und Bildungsforscher sehen in Chatbots das Risiko, dass man sich zu stark auf die KI verlässt und das kann peinlich werden! Da die Inhalte derzeit (noch) nicht ausschließlich mit vertrauenswürdigen Quellen angegeben sind, lässt sich auch nicht überprüfen, ob die Aussagen seriös bzw. richtig ist. Bei ChatGPT wird immer wieder darauf hingewiesen, dass ausgegebene Informationen nicht immer der Wahrheit entsprechen.

Zum aktuellen Zeitpunkt lässt sich eine gute Hausarbeit von einer durch ChatGPT geschriebene Hausarbeit unterschieden. Die Sprache klingt etwas hölzern und die Ergebnisse des Bots sind wenig komplex. Da die Tools aber kontinuierlich optimiert werden, werden sie mit großer Wahrscheinlichkeit bald anspruchsvollere Texte erschaffen können. Plagiate werden womöglich nur schwer erkennbar sein.

Während ChatGPT noch beim ersten Versuch, das bayerische Abitur von 2022 zu bestehen, in den meisten Fächern durchgefallen wäre, wurde das Experiment mit dem bayerischen Abitur von 2023 wiederholt. Dieses Mal kam eine neuere Softwareversion von ChatGPT zum Einsatz, die das Abitur souverän mit durchwegs guten Noten bestanden hätte. Wir können also gespannt darauf sein, was sich in diesem Bereich in den nächsten Jahren noch alles verändern wird!

Auch wenn es noch so verlockend ist, sich durch die KI im Studium unterstützen zu lassen – be careful! Um selbstständig und kritisch zu überprüfen, ob Inhalte überhaupt richtig sind, muss man zunächst in der Lage sein, selbst zu recherchieren und eine seriöse Quelle von einer weniger seriösen Quelle zu unterscheiden und dafür muss man sein Gehirn anstrengen – auch wenn es weh tut.

„Denken tut weh“, soll Albert Einstein zu der Philosophin Hannah Arendt gesagt haben, „und mit nichts machen Sie sich unbeliebter, als wenn Sie Leute zum Denken bringen wollen“.

Aber wie lässt sich KI sinnvoll für das Studium nutzen?

Aktuell entwickeln Universitäten Richtlinien, ob und wie ChatGPT von den Studierenden verwendet werden dürfen. Für folgende Bereiche ist es allerdings schon jetzt relativ unproblematisch, die KI zu befragen, um sich für sein Studium inspirieren zu lassen:

Motivation: Demotiviert? Keine Lust zu lernen? Frage ChatGPT, wie du dich zum Lernen motivieren kannst. → Wie kann ich mich zum Lernen motivieren?

Apps und Tools: Du benötigst Ideen für Lern-Apps und Präsentationsprogramme? Frage ChatGPT nach Vorschlägen. → Schlage mir kostenfreie Lern-Apps für das Studium vor.

Lernplan: Du benötigst Tipps, wie du dir einen sinnvollen Lernplan erstellen kannst? Frage ChatGPT nach einem sinnvollen Lernplan für eine begrenzte Zeit. → Erstelle mir einen Lernplan für sechs Stunden.

Inspiration zum wissenschaftlichen Arbeiten: Du weißt nicht, welches Thema du für deine Bachelorarbeit heranziehen kannst? Lass dich inspirieren. → Schlage mir Forschungsfragen für BWL und Marketing für die Bachelorarbeit vor.

Wissensüberblick verschaffen: Du möchtest wissen, wie z. B. das Gesundheitssystem in Deutschland aufgebaut ist? Frage nach. → Erkläre mir das Gesundheitssystem in Deutschland.

Korrektur lesen: Du bist dir nicht sicher, wie einzelne Wörter geschrieben werden oder wo ein Komma gesetzt wird? → Prüfe den Text auf Rechtschreibung und Kommasetzung.

Auf alle Fälle lässt sich wohl jetzt schon sagen, dass wir durch die Entwicklungen der KI am Anfang einer unglaublich aufregenden Ära stehen, und wir dürfen gespannt sein, wie die Technologieentwicklung den Bildungsbereich und unser Denken beeinflussen wird.

Literaturverzeichnis

Deutsche Gesellschaft für Psychologie (Hrsg.) (2019): Richtlinien zur Manuskriptgestaltung. (5. Aufl.). (Hogrefe Verlag) Göttingen.

Deutsches Studentenwerk (Hrsg.) (2019): Ermittlung der Lebenshaltungskosten von Studierenden: Aktualisierte Berechnung anhand der 21. Sozialerhebung des Deutschen Studentenwerks. Online: https://www.studentenwerke.de/sites/default/files/fibs_dsw_studentischer_warenkorb_2018_190108.pdf (abgerufen am 31.01.2023).

Deutsches Studentenwerk (2023): Studierendenwohnheime. Online: https://www.studentenwerke.de/de/content/ausstattung-und-miete-von-wohnheimpl%C3%A4tzen-0 (abgerufen am 31.01.2023).

Dirschedl, C. (2015). Berufsdeutsch für die Pflege. (Cornelsen Schulverlage) Berlin.

Euler, T., Trennt, F., Trommer, M., & Schaeper, H. (2018): Werdegänge der Hochschulabsolventinnen und Hochschulabsolventen 2005. Online: https://www.dzhw.eu/pdf/pub_fh/fh-201801.pdf (abgerufen am 31.01.2023).

Hachmeister C. D. (2019): Zunehmende Vielfalt: Mehr als 20.000 Studiengänge in Deutschland. Online: https://www.che.de/2019/zunehmende-vielfalt-mehr-als-20-000-studiengaenge-in-deutschland/ (abgerufen am 31.01.2023).

Herbst, U., Voeth, M., Eidhoff, A. T., Müller, M. & Stief, S. (2016): Studierendenstress in Deutschland – eine empirische Untersuchung. Online: https://www.uni-heidelberg.de/md/journal/2016/10/08_projektbericht_stressstudie.pdf (abgerufen am 02.05.2023).

Heublein, U., Ebert, J., Hutzsch, C., Isleib, S., König, R., Richter, J. & Woisch, A. (2017): Motive und Ursachen des Studienabbruchs an baden-württembergischen Hochschulen und beruflicher Verbleib der Studienabbrecherinnen und Studienabbrecher. Online: https://www.studentenwerke.de/sites/default/files/fibs_dsw_studentischer_warenkorb_2018_190108.pdf (abgerufen am 31.01.2023).

Heublein, U. & Schmelzer, R. (2018): Die Entwicklung der Studienabbruchquoten an den deutschen Hochschulen. Online: https://idw-online.de/en/attachmentdata66127.pdf (abgerufen am 31.01.2023).

IEC – International Education for Global Minds (2023): Die passende Universität für dein Auslandssemester. Online: https://www.ieconline.de/ (abgerufen am 31.01.2023).

Jaksztat, S., Preßler, N., Briedis, K. (2012): Promotionen im Fokus. Online: https://www.dzhw.eu/pdf/pub_fh/fh-201215.pdf (abgerufen am 31.01.2023).

Karmasin, M. & Ribing, R. (2017): Die Gestaltung wissenschaftlicher Arbeiten. (Facultats Verlag) Wien.

Lally, P., van Jaarsveld, C. H. M., Potts, H. W. W. & Wardle, J. (2009): How are habits formed: Modelling habit formation in the real world. In: European Journal of Social Psychology 40(6), 998–1009.

Leitner, S. (2011): So lernt man Lernen. Der Weg zum Erfolg. (Nikol Verlag) Hamburg.

Lieberknecht, A. & May, Y. (2019): Wissenschaftlich formulieren: ein Arbeitsbuch. Mit zahlreichen Übungen für Schreibkurse und Selbststudium. (Narr Francke Attempto Verlag) Tübingen.

Mark, G.; Gonzalez, V. M. & Harris, J. (2005): No Task Left Behind? Examining the Nature of Fragmented Work. Online: https://www.ics.uci.edu/~gmark/CHI2005.pdf (abgerufen am 31.01.2023).

Mark, G. (2006): Too Many Interruptions at Work? Office distractions are worse than you think – and maybe better. Online: https://news.gallup.com/businessjournal/23146/too-many-interruptions-work.aspx (abgerufen: 31.01.2023).

Newport, C. (2019): Konzentriert arbeiten. Regeln für eine Welt voller Ablenkungen. (Redline Verlag) München.

Polit, D. F. & Beck, C. T. (2017): Nursing Research: Generating and Assessing Evidence for Nursing Practice. (Wolters Kluwer Health) Philadelphia.

Rudnicka, J. (2022): Anzahl der ERASMUS-Studenten aus Deutschland von 1987/88 bis 2019. Online: https://de.statista.com/statistik/daten/studie/36302/umfrage/anzahl-der-erasmus-studenten-seit-1987/ (abgerufen am 31.01.2023).

Seiwert, L. (2012): Zeitmanagement. (Gabal Verlag) Offenbach.

Statista Research Department (2011): Was ist Ihrer Meinung nach Ihre schlechteste Angewohnheit? Online: https://de.statista.com/statistik/daten/studie/188094/umfrage/schlechte-angewohnheiten-der-deutschen/#professional (abgerufen am 31.01.2023).

Statista Research Department (2011a): Wie viel Euro netto im Monat verdienen Sie damit, dass Sie neben Ihrem Studium arbeiten? Online: https://de.statista.com/statistik/daten/studie/190637/umfrage/monatlicher-netto-verdienst-von-studenten-in-deutschland/ (abgerufen am 31.01.2023).

Statista Research Department (2016): Umfrage zu den Motiven für den Beginn eines Studiums in Deutschland 2016. Online: https://de.statista.com/statistik/daten/studie/617347/umfrage/motive-fuer-den-beginn-eines-studiums-in-deutschland/ (abgerufen am 31.01.2023).

Stork, W., Heimes, S., Aatz, H. & Boll, J. (2020): Achtsamkeit und Resilienz in der Hochschullehre. Online: https://www.econstor.eu/bitstream/10419/227490/1/1742089070.pdf (abgerufen am 31.01.2023).

Suhr, F. (2019): Die beliebtesten EU-Länder fürs Auslandssemester. Online: https://de.statista.com/infografik/19737/beliebteste-eu-laender-fuers-auslandssemester/ (abgerufen am 31.01.2023).

Traus, A., Höffken, K., Thomas, S., Mangold, K. & Schröer, W. (2020): Stu.diCo. – Studieren digital in Zeiten von Corona. Online: https://hildok.bsz-bw.de/frontdoor/index/index/docId/1157 (abgerufen am 31.01.2023).

Wollny, B. (2023): Monatliche Durchschnittsmieten für studentisches Wohnen in ausgewählten Städten in Deutschland im Jahr 2022. Online: https://de.statista.com/statistik/daten/studie/1265876/umfrage/mieten-fuer-studentisches-wohnen-in-staedten-in-deutschland/ (abgerufen am 31.01.2023).

Stichwortverzeichnis

H

I

J

K

L

M

N

O

P

R

S

T

U

V

W

Z